Yehuda Shenef

# Der Bundestag zu Augsburg

## Das Ende des Deutschen Bundes im Sommer 1866

2

Ich danke meinem großväterlichen Freund Herrn Rieger für stundenlange Erörterungen, ebenso wie den Herren Shakhor und Yuval und Sholem, dem Enkel des letzteren für die unermüdliche und wertvolle Hilfe bei der mitunter mühsamen Recherche nach längst vergessenen Biographien und Zusammenhängen. Ohne Ihren Zuspruch und Support wäre das Buch nicht zustande gekommen.

Augsburg, 15. Juli 2016

5

Inhalt

BUNDES - KANZLEI
Deutscher Bund

### Die Geschichte des Augsburger Bundestags

Fragt man nach den Standorten der deutschen Parlamentsgeschichte werden sofort Frankfurt, Weimar, Berlin und Bonn genannt. An *Augsburg* als letzten Sitz des Bundestages des Deutschen Bundes im Jahre 1866 denkt längst niemand mehr, dabei markiert die Geschichte des *Augsburger Bundestags* eine wichtige Zäsur in der deutschen wie europäischen Geschichte. In diesem Sommer jährt sie sich zum 150 mal.

Als Folge und in Reaktion auf die Napoleonischen Kriege hatte sich am 8. Juni 1815 in Wien die die „souveränen Fürsten und freien Städte Deutschlands" zusammen mit Österreich, Preußen, Dänemark und den Niederlanden zum „Deutschen Bund" geeinigt. Die Bundesversammlung, der „Bundestag" bestand aus meist adeligen Abgeordneten der fürstlichen, königlichen oder kaiserlichen Mitgliedsstaaten, die im Auftrag ihrer Herrscher deren Standpunkte vertraten und mit den anderen verhandelten. Den ständigen Vorsitz hatte die Präsidialmacht Österreich, vertreten durch ihren Gesandten. Der Bundestag residiert von 1815 bis 1848 und von 1850 bis 1866 im Palais Thurn und Taxis in Frankfurt am Main (auf das das Königreich Bayern massive Ansprüche erhoben hatte) und tagte dort in der Regel einmal wöchentlich am sprichwörtlich bekannt gewordenen *grünen Tisch*.

Der „Engere Rat" beschloss Entscheidungen in einfacher Mehrheit und umfasste die Groß- und Mittelstaaten Österreich, Preußen, Bayern, Sachsen, Württemberg, Baden, Kurhessen und Hessen-Darmstadt. Die Mitgliedsstaaten Holstein und Lauenburg wurden durch die Gesandten des dänischen Königs vertreten, Hannover durch den Abgeordneten des britischen Königshauses und Luxemburg schließlich durch Gesandten des niederländischen Königs, der zugleich auch Großherzog von Luxemburg war. Konnte sich der Enge Rat nicht festlegen, tagte das „Plenum" mit 70 Stimmen, wovon Österreich und die Königreiche (Preußen, Bayern, etc.) jeweils 4 Stimmen besaßen. Nach einem komplizierten Modus mussten sich mehrere Kleinstaaten eine sog. „Kuriatstimme" teilen. Änderung in den Grundgesetzen des Bundes oder in Religionsangelegenheiten hingegen konnten nur einstimmig gefasst werden.

Nach der sog. „Märzrevolution" wurde im Mai 1848 der Frankfurter Bundestag aufgelöst und durch die in der Frankfurter Paulskirche tagende Nationalversammlung ersetzt. Nach dem Scheitern der Revolution wurde im September 1850 der Bundestag reaktiviert. Die Differenzen zwischen den Mitgliedstaaten waren nicht kleiner geworden und wuchsen im Laufe der Jahre immer weiter an, eher es an verschiedenen Schauplätzen zu kriegerischen Auseinandersetzungen kam. Der Bruch vollzog sich dann im „Preußisch-Deutschen Krieges" zwischen dem Deutschen Bund und seiner Präsidialmacht Österreich und dem Mitgliedsstaat Preußen und dessen Verbündeten. Im Verlauf des Krieges  annektierte Preußen Schleswig, Holstein, das Königreich Hannover, das Herzogtum Nassau, das Kurfürstentum Hessen und die freie Stadt Frankfurt. Italien erhielt als preußischer Verbündeter das bislang zu Österreich gehörende Provinz Venetien. Mit der Einnahme Frankfurts am 18. Juli durch die Preußen hatte der Deutsche Bund seine Hauptstadt und seinen Sitzungsort verloren. Da damit zu rechnen war, verlegte der Bundestag auf Vorschlag seines Kanzlers den Sitz „provisorisch" und zwar nach Augsburg, das damals noch einen prominenten Ruf als Börsenplatz hatte und trotz der Einnahme nach Bayern immer noch als „österreichisch" galt – bis heute wird das Rathaus durch den Habsburger Doppeladler geschmückt.

In Augsburg trat Bundestag zu insgesamt fünf Sitzungen (registriert als 36-40. Sitzungen des Jahres 1866) zusammen. Am 18. Juli, am 26. Juli, am 2. und am 4. August, schließlich nach drei Wochen Pause noch ein letztes Mal am 24. August 1866 zur 40. des Jahres und letzten Sitzung überhaupt (erst im Mai 1949 sollte es (namentlich) wieder einen Deutschen Bundestag geben, diesmal in Bonn). Am Vortag, dem 23. August wurde im vierten Artikel des „Prager Frieden" im Prager Hotel „Zum Blauen Stern" die Auflösung des Deutschen Bundes beschlossen. Österreich verzichtete auf eine eigene Mitwirkung Deutschlands Neuordnung unter Führung des Norddeutschen Bundes und damit Preußens unter Führung seines Ministerpräsidenten Otto von Bismarck. Um diesen Kompromiss zu erzielen, wurde den süddeutschen Staaten (Bayern, Württemberg, Baden) Neutralität zugestanden. Die nördlichen Staaten wurden wie das zuvor österreichische Holstein schrittweise von Preußen annektiert. Österreich seinerseits stärkte die Verbindung mit Ungarn zur Doppelmonarchie Österreich-Ungarn, während die Norddeutschen noch Kriege gegen Dänemark und Frankreich führten, ehe sie 1871 im Spiegelsaal von Versailles das „Deutsche Reich" ausrufen konnten.

Vor 50 Jahren, besser gesagt erst 1967 widmete sich bereits Ernst Deuerlein mit seinem Buch „Augsburg 1866" der ansonsten allgemein kaum bis gar nicht wahrgenommenen Episode der Augsburger Geschichte, deren Folgen bis heute relevant geblieben sind. Mit dem Geschehen vor Ort befasste Deuerlein sich ebenso wenig wie mit den inzwischen unbekannten Akteuren in Augsburg, die in ihrer Zeit freilich staatstragend waren. Sie und ihre Motive aus dem Gedächtnis zu streichen, ist für die Beurteilung heutiger, gleichfalls im Wandel begriffener Verhältnisse kaum eine ausreichende Grundlage.

## Warum Augsburg ..?

Augsburg kam nicht ganz zufällig als Ort für den provisorischen Sitz der bundesdeutschen Exilregierung in Betracht, nachdem Frankfurt in die Hände der feindlichen Preußen gefallen war, die erst am 14. Juni aus dem Deutschen Bund ausgetreten waren. Man besann sich nun in Wien, dass Augsburg schon 1833 sich darum bemüht hatte, Sitz des Deutschen Bundestags zu werden. Damals versuchten sich die Augsburger Stadtverordneten und formulierten am 17. Dezember 1833 folgenden Beschluss:

*„Nachdem dem den Gemeindebevollmächtigten zustehenden Rechte, allenfallsigen Gemeindebesten angemessenen Vorschlage dem Magistrat zu seiner weiteren Berücksichtigung vorlegen zu können, wird folgender Antrag übergeben: Es soll den in verschiedenen öffentlichen Blättern enthaltenen Nachrichten zufolge, der Sitz der hohen Bundesversammlung in Frankfurt am Main in eine andere Stadt des südlichen Deutschlands versetzt werden, ohne dass jedoch dieselbe noch mit Bestimmtheit angegeben wird. Bei den bestehenden Verhältnissen hiesiger Stadt dürfte es allerdings in vieler Hinsicht sehr wünschenswert sein, wenn man es möglich machen könnte, dass hiesige Stadt zu dem Sitz der Bundesversammlung bestimmt werden könnte.*

*Dieser Wunsch nun, wo immer möglich zu machen, wäre vor allem notwendig die erforderliche Einleitung bei der allerhöchsten Stelle mittels Anfrage und Stellung des zweckmäßigen Vorschlags*

*zu unternehmen, indem ohne deren Vorwissen
kein Schritt in dieser Sache vorgenommen werden
könnte. Die Gemeindebevollmächtigten bringen
daher diesen Wunsch an den Magistrat und stellen an denselben das Ansinnen, dass derselbe, im
Falle, dass dieser Antrag einige beifällige Ansicht
erhalten solle, an die königliche Regierung in geeigneter Weise berichte, die Wünsche der hiesigen
Bürgerschaft vorzubringen und hochdieselbe zu
bitten, sich bei der allerhöchsten Stelle dahin zu
verwenden, dass in dieser Sache eine allergnä-
digste Entschließung erlassen werden möchte, ehe
über die Zuverlässigkeit dieses Wunsches und
über die mit allerhöchster Bewilligung zu treffenden weiteren Maßregeln bestimmtere Weisungen
entnommen werden könnte."* [1]

Wie man erahnen kann, wurde aus dem Ansinnen nichts, obwohl nach dem Dafürhalten
der Antragsteller doch einiges für Augsburg
als Sitz eines von Österreich dominierten
Deutschen Bundes sprach, war die Reichstadt
Augsburg doch ein halbes Jahrtausend lang
direkt an der Grenze zu Vorderösterreich gele-
gen, das auf der westlichen Seite von Wertach
und Hettenbach begann.

Im April 1866 tagte im Augsburger Hotel Drei
Mohren bereits eine Ministerkonferenz des
Deutschen Bundes. Anlass waren die von den
Preußen gewünschten Reformen – man wollte
als Großmacht mehr Mitspracherecht haben –

---

[1] Aus dem Protokoll der 6. Sitzung der Gemeindebevollmächtigten der Stadt Augsburg vom 17.12.1833 (Stadtar-
chiv Augsburg)

gegenüber der österreichischen Vormachtstellung. Hier ein Bericht der „Augsburger Postzeitung" dazu vom 22. April 1866:

*„An der im Gasthof zu den „Drei Mohren" heute stattfindenden Minister-Konferenz nehmen neun deutsche Staaten teil: Bayern, Sachsen, Württemberg, Baden, Darmstadt, Nassau, Weimar, Meiningen und Coburg. Zweck der Versammlung ist Verständigung über die Behandlung des Preußischen Antrags auf Bundesreform, damit aus demselben wirklich eine Bundesreform hervorgehe, die den billigen Wünschen der Nation und der Großmächte entspricht und anderen Verbesserungen der Bundesverhältnisse namentlich solchen Konflikten vorgebeugt werden, wie sie Deutschland so eben an den Rand eines Krieges brachten. In diesen Grundgedanken war die Konferenz in Erwägung der verschiedenen Eventualitäten einig, und die Mitglieder haben verabredet, bei jeder neuen Wendung, welche die Angelegenheit nehmen könnte, zu rascherer Erledigung der auftauchenden Fragen alsbald zu weiteren Konferenzen zusammenzutreten.*

*Die Konferenz fand heute Vormittags von 10-12 und Nachmittags von 2-5 Uhr im Gasthof zu den Drei Mohren statt und dürfte auch morgen nochmal zusammentreten.*

*Die Sitzungen werden geheim gehalten. Neun Staaten sind vertreten. Die Zahl der Mitglieder besteht im Grunde aus 10 Herren, weil von Sachsen zwei Diplomaten hier sind.*

*Gestern Abends hat ein gemeinschaftliches Diner die anwesenden Herren Minister im Salon seiner*

*Exzellenz des Staatsministers* Freiherr von der Pforten *vereinigt. Sämtliche Herren logieren, was wir abweichend von unserem gestrigen Bericht konstatieren müssen, im Hotel zu den Drei Mohren.*"

Am 24. April berichtete dasselbe Blatt:

*„Die Minister-Konferenz wurde gestern geschlossen. Die fremden Minister besuchten in Begleitung eines Lohndieners des Gasthofs zu den „Drei Mohren" die Sehenswürdigkeiten Augsburgs (Museum, Regierungsgebäude, etc.) und verließen abends die Stadt.*

*Bei der Besichtigung des Maximilian-Museums wurden die hohen Herren vom Vorstand des naturhistorischen Museums Herrn Dr. Körber, den Herren Kustos Rager und Postkassierer Scheller durch die Lokalitäten des historischen und naturhistorischen Vereins begleitet, wo sie den reichen Inhalt mit hohem Interesse 1 ½ Stunden lang besichtigten und schließlich ihre Namen im Gedenkbuch eintrugen.*

*Über das Resultat der Minister-Konferenz der Frankfurter Zeitung telegraphiert: Minister-Konferenz gelangte heute zum Abschluss. Die Konferenz-Mitglieder sollen sich über eine Bundesreform einig sein. Sie haben verabredet, dass bei jeder neuen Wendung in dieser Reformfrage und Behufs rascher Erledigung der einzelnen innerhalb derselben auftauchenden Fragen die Mitglieder zu weiteren Konferenzen zusammenzutreten habe.*"

## Der Umzug von Frankfurt nach Augsburg

Die Bedrohung durch preußische Truppen war real genug, um die Mitglieder des Frankfurter Bundestages davon zu überzeugen, dass sie einer Alternative bedurften. In der Sitzung vom 11. Juni beschloss man deshalb im Notfall auf Augsburg auszuweichen. Warum die Wahl auf die Stadt zwischen Lech und Wertach fiel, ist aus der Perspektive der österreichischen Präsidialmacht durchaus naheliegend, war Augsburg bis 1806 doch eine Freie Reichsstadt und jahrhundertelang als Grenzort zur vorderösterreichischen Markgrafschaft Burgau de facto österreichisch.

Noch heute ziert das prächtige Augsburger Rathaus nicht ganz zufällig der Habsburger Doppeladler als eigentlich unmissverständliches Hoheitszeichen. Augsburg war damals noch ein weit überregional bedeutsamer Börsen- und Handelsplatz und deshalb Frankfurt durchaus ebenbürtig. Nachdem bereits am 11. Juli der Bundestag in Frankfurt auf Vorschlag des Kanzlers eine eventuell unerlässliche Übersiedlung nach Augsburg ins Auge gefasst hatte, beschloss er diese tatsächlich am 13. Juli einstimmig. Als am 18. Juli preußische Truppen dann tatsächlich in Frankfurt einzogen – im Oktober wurde die Stadt von den Preußen sogar annektiert – versammelten sich die verbliebenen Mitglieder des Deutschen Bundestags in Augsburg bereits zu ihrer ersten Sitzung am provisorischen Tagungsort.

Die Abgeordneten residierten im angesehenen Hotel *Drei Mohren* neben den Fuggerpalais in der Maximilianstraße, wo auch die erste, konstituierende Sitzung des Augsburger Bundestags stattfand. Die weiteren  fanden im Rokokosaal war der königlichen Residenz am Fronhof D 117 statt, wo sich seit einigen Jahrzehnten der Sitz der Königlichen Regierung von Schwaben und Neuburg unter dem Vorsitz des von 1858 bis 1868 in Augsburg amtierenden Regierungspräsidenten Ernst Freiherr von Lerchenfeld (1816-1873) befand. Mit den adeligen Herren ließen sich natürlich auch die Familien und ihre Dienerschaft in Augsburg nieder, ebenso wie das gesamte Personal der Bundestagsverwaltung. Sobald sich die Abgeordneten in Augsburg niedergelassen hatten, folgte ihnen zudem noch ein Tross an ausländischen Diplomaten und nationalen wie internationalen Korrespondenten.

Am Hotel Drei Mohren (nunmehr das „Bundespalais") wie auch am Regierungssitz am Fronhof hingen übergroße schwarzrotgoldene Flaggen, als Zeichen des Bundes, den Deutschen nach dem zweiten Weltkrieg selbstverständlich bestens vertraut.

Die Geschichte des Hotels selbst reflektiert in gewisser Weise das Motiv von der Aufnahme auswärtiger Abgesandter. Der Legende gemäß kamen dereinst vier äthiopische (bzw. abessinische) Mönche auf der Rückreise aus Frankreich nach Augsburg, wo sie wegen des Winters blieben und zwar in einem Gasthof am

Weinmarkt. Als es im Frühjahr taute machten sie sich auf die Weiterreise, mussten aber wegen eines erneuten Wintereinbruchs wieder kehrt machen. Einer der Mönche war erfroren und so waren es ihrer nur noch drei. Als diese den Ort endgültig verließen, waren sie längst bekannt geworden. Der Wirt des Gasthofs ließ die Männer von einem Maler darstellen und das (längst verschollene) Bild in der Gaststube aufhängen. Dort konnten nun Neu-gierige von überall her kommend, die „aechten Mohren" bestaunen. Zwar wurde der legendäre Gasthof später abgerissen, jedoch erhielt sich der Name in nächster Nähe.

1575 richteten die Fugger neben ihrem Stadtpalais ein Gästehaus ein, das auf dem 1511 erbauten Gutshof der Herwart-Familie basierte. 1772 wurde es nach einem Brand verkauft, nach der Restaurierung als öffentliches Gasthaus benutzt und nach der Legende der „Drei Mohren" benannt. 1804 erwarb es der Hotelier Johann Deuringer, dessen Nachkommen es 1844 zum großen stattlichen Hotel ausbauen ließen, als das es 1866 für den provisorischen Sitz des Bundespalais in Frage kam. Die umfangreichen Stallungen des Hotels boten Platz für 132 Pferde. 1877 wurde das Hotel nach einem weiteren Besitzerwechsel erneut umgebaut und erweitert. 1944 wurde es massiv zerstört und 1955 von Ulrich Reitmayer völlig neu gebaut. Der letzte Umbau des inzwischen wenig historischen Hotels war in den Jahren 2011 und 2012.

Residenz am Fronhof (heute „Regierung von Schwaben")

Rokoko-Saal der Augsburger Residenz

Ankunft vor dem „Drei Mohren" in der Maximilianstraße
– Kupferstich von Franz Friedrich Edelwirth (1845)

Drei Mohren (hell) neben dunklerem Fugger-Palais, 1915

Postkarte 1915

*Die Abgeordneten*

Gemäß des Sitzungsprotokolls vom 18. Juli 1866 nahmen teil

Für Österreich: der kaiserlich-königliche Herr wirklicher Geheime Rat Freiherr *von Kübeck*

Für Bayern: der königliche Herr Staatsrat Freiherr *von Schrenck*

Für Sachsen: der königliche-sächsische Herr Bundestags-Gesandter von Bose substituierter königlich-bayerisch Herr Bundestags-Gesandter Freiherr *von Schrenck*

Für Hannover: der königliche Herr Geheime Legationsrat *von Heimbruch*

Für Württemberg: der königliche Herr Staatsminister Freiherr *von Linden*

Für Baden: der Großherzogliche Herr wirklicher Geheimrat *von Wohl*

Für Kurhessen: der fürstliche Herr Staatsrat *von Meyer*

Für das Großherzogtum Hessen: der großherzogliche Herr Geheimer Legationsrat *von Biegeleben*

Als „dreizehnte Stimme": der substituierte Großherzoglichen-Hessischen Herrn Bundestags-Gesandte von Biegeleben

Als "sechzehnte Stimme": der Herr wirklicher Geheimer Rat Freiherr *von Linde*

Als „siebzehnte Stimme": der substituierte Großherzoglich-Badischer Herr Bundestags-Gesandten von Wohl

Da einige der Abgeordneten Vollmachten für andere Staaten hatten, waren es letztlich nur *neun* Hauptpersonen die in Augsburg den Bundestag ausmachten, nämlich die Herren *Kübeck, Schrenck, Heimbruch, Linden, Wohl, Meyer, Linde, Biegeleben*, sowie der Kaiserlich-Königlich Österreichische Legationsrat Ritter und Freiherr *von Dumreicher*, der als Vertreter der österreichischen Präsidialmacht satzungsgemäß den Vorsitz in der Funktion des *Bundescanzlei-Directors* oder schlicht „Bundeskanzlers" übernahm. Ein Titel, der bekanntlich noch heute den Regierungschef in Deutschland wie auch in Österreich bezeichnet.

Aus der Beilage 2 zur letzen Sitzung vom 24. August 1866 sind die Namen der Dienststellen, ihre Leiter, Herkunft, das Datum ihres Eintritts in den „Bundesdienst", Datum der Angehörigkeit zum Bundestag („Zeit der definierten Anstellung"), das Jahresgehalt und die beschlossenen Pensionsgehälter nach dem Ausscheiden aus dem (beschlossenen) Bundesdienst aufgelistet, sowie manche Randbemerkung zur Biographie der betreffenden Personen.

Der zuerst genannte Vorsitzende des Bundestags Bundeskanzlei-Direktor Alois Ritter von Dumreicher, war k. und k. Legationsrat, vertrat Österreich, trat demnach am 19. Juni 1856 in den Bundesdienst und übernahm schon am 20. November desselben Jahres das

Amt des Kanzlei-Direktors („Kanzlers"). Als Vorsitzender der Sitzungen in Augsburg war Ritter von Dumreicher also bereits seit rund zehn Jahren im Amt. Sein Jahresgehalt betrug 6.000 Gulden. Die vom Bundestag beschlossene Pension betrug 1.800 Gulden. Zwar hatte er als Kanzler das höchste Jahresgehalt, die höchste Pension wurde dem Verzeichnis gemäß jedoch als No. 5 genannten Registrator *Johann Ludwig Leutheußer* aus Frankfurt zugestanden, der dem Bundestag bereits seit dem 23. Dezember 1816 angehörte. Sein Jahresgehalt betrug 2.000 Gulden, seine Pension jedoch 4.000 Gulden. Auch sein Sohn Adolph Leutheußer, gehörte als Sekretär bereits seit 1846 der Körperschaft an, hatte am nur ein Gehalt von 1350 Gulden und eine Pension von 200 Gulden in Aussicht. In der Anmerkung ist freilich noch notiert: „beide Beamte sind im Bezug einer Personalzulage von je 200 Gulden."

Aufgeführt sind verschiedene Personen und Ämter. So erfahren wir auch, dass es sich bei dem  vorgenannten kurhessischen Staatsrat von Meyer um Dr. Hermann von Meyer aus Frankfurt handelte, der als zweiter nach dem Kanzlei-Direktor des Bundestags genannt ist und das Amt des „Cassier" innehatte. Er gehörte dem Bundestag bereits seit Sommer 1837 an, hatte ein Jahresgehalt von 3.000 und eine Pension von 2.000 Gulden in Aussicht. Ferner finden sich nun Rechnungsrevisoren, Sekretäre, Kanzlisten wie Joseph Buchheim, der gebürtig aus Österreich stammte, oder Anton Gerster aus Nassau. Auch Kanzleidiener wie Christian Schiettinger aus Württemberg sind aufgelistet. Sein Gehalt betrug 650 Dulden, die ausgemachte Pension betrug halb so viel: 325 Gulden.

In einer eigenen Kategorie sind nun auch die Mitglieder der „Militärkommission" registriert, als deren „erster Administrationsreferent" sich der königlich-württembergische Oberkriegskommissar August Habermaas findet, der seit 1862 im Bundesdienst stand und seit Februar 1863 dem Bundestag angehörte. Mit 4.000 Gulden hatte er nach Alois von Dumreicher das zweihöchste Jahresgehalt. Die für ihn festgesetzte Pension betrug jedoch nur 1600 Gulden. Wie die Anmerkung zu Habermaas verrät, stand er bereits seit 1850 im württembergischen Staatsdienst, weshalb im insgesamt 16 Jahre Dienstzeit angerechnet wurden, wohl auf die Pension.

Es versteht sich von selbst, dass die in Augsburg versammelten Abgeordneten und ihre Bediensteten, Diplomaten, usw. allesamt mehr oder minder deutlich pro-österreichisch und anti-preußisch gesinnt waren und dem entsprechend dachten und handelten. Doch schieden mit der Zeit immer mehr von ihnen aus oder verloren einfach die Motivation einer verlorenen Sache weitere Arbeit zu widmen.

# Der Bundeskanzler zu Augsburg

Der letzte Bundeskanzler des Deutschen Bundes war der österreichische Diplomat Alois Dumreicher, auch bekannt als *Freiherr Dumreicher von Österreicher*. Er wurde am 28. Juni 1821 in Marburg (Maribor) als Sohn eines Kaufmanns geboren und starb am 18. Juli 1884 in Wien. Er entstammte einer einflussreichen katholischen Familie mit schwäbischen Wurzeln, deren vollständiger Name etwas sperrig Dumreicher von Österreicher lautete. Alois Urgroßvater Jakob Dumreicher stammte aus Kriegshaber bei Augsburg, das damals freilich noch zu Österreich gehörte und ließ sich 1760 als Getreidehändler in Kempten nieder. Seinen 1761 geborenen offenkundig recht geschäftstüchtigen Sohn David zog es schnell hinaus in die Welt. 1780 findet man den jungen Mann bereits als erfolgreichen Großhändler im (damals ebenfalls österreichischen) Triest, das wegen seines Mittelmeerhafens für Österreich von enormer Bedeutung war. Seit 1783 war er in Triest auch Konsul für das Königreich Dänemark, was sicher etwas mit dem teilweise österreichischen Schleswig zu tun hatte, das er vielleicht mit Waren aus Triest bereits hatte. 1799 siedelte sich David Dumreicher mit seinen beiden jüngeren (ebenfalls in Kempten geborenen) Brüdern Daniel und Jakob im ägyptischen Alexandria an, wo sie Baumwollhandel erfolgreich und reich wurden. Davon kündet eine Reihe auch heute noch interessanter Zeitungsberichte. So heißt es etwa in der „Außerordentlichen Beilage" zur (Augsburger) *Allgemeinen Zeitung* vom 26. März 1838:

„Alexandrien, 27. Feb. - Herzog Max in Cairo – *Es war für die hier anwesenden Deutschen, namentlich die Bayern, ein freudiger Anblick, am 16. des Monats ein österreichisches Dampfschiff mit aufgehisster bayerischer Flagge im Hafen einlaufen zu sehen. Sie wis-*

sen, dass es uns den Herzog Max in Bayern brachte, der am folgenden Tage das Wunderland der Pharaonen betrat. Der dänische Generalkonsul Dumreicher (ein gebürtiger Bayer) machte seinen Führer im Innern der hiesigen Stadt, sowohl im türkischen als fränkischen Teil."

Bald fünf Jahre später, am 13. Dezember 1842 berichtete aus anderer Richtung das *Augsburger Tagblatt*:

*"Seit einigen Tagen befindet sich ein Ingenieur-Offizier aus Alexandrien, Mazkar Effendi, in unserer Stadt, der von seinem Gebieter dem Vizekönig von Ägypten durch den* Konsul Dumreicher, *an seine Hoheit* Herzog Max von Bayern *empfohlen ist. Der Zweck seiner Reise ist, die Fortschritte und Erfindungen in den in seinem Fach einschlägigen Wissenschaften, sowie die technischen Einrichtungen genau kennen zu lernen, und seiner Regierung über die Tunlichkeit dergleichen in jenem lande einzuführen Bericht zu erstatten, auch ist ihm aufgegeben, den Donau-Main-Kanal zu bereisen. Er soll ein kenntnisreicher Mann sein. Er begibt sich von hier nach Frankreich und England."*

Ägyptischer Vizekönig war damals *Muhammad Said Pascha* (1822-1863), der Sohn von *Mohamed Ali Pascha*, der von 1854 bis zu seinem Tod im Jahre 1863 selbst Regent von Ägypten war. In seiner Amtszeit wurde der

Bau des Sueskanals begonnen. Schon einige Zeit zuvor, im Jahr 1846 war die *Société d'Études du Canal de Suez* gegründet worden, die die Planungen für den Bau ausarbeiten sollte. Der durch Konsul Dumreicher vermittelte Kontakt nach Bayern und die Besichtigung des Donau-Main-Kanals vier Jahre zuvor ist sicher als Objektstudie in der Frühphase des späteren Suez-Projekts zu verstehen.

Alois Enkel des Konsuls und späteren Vorsitzenden des Deutschen Bundestags finden wir im August 1841 als Gast im „Goldenen Kreuz" in München erwähnt, gerade mal 20 Jahre alt und eingetragen als „Cand. Jur.", also als angehender Jurist. Begleitet wurde er von seinem Kommilitonen Strack aus Wien. Alois' älterer Bruder *Johann Dumreicher von Österreicher* (geb. 1815) war Doktor der Medizin und Professor der Chirurgie in Wien und einer der Mitautoren der ersten „Genfer Konvention" („*betreffend die Linderung des Loses der im Felddienst verwundeten Militärpersonen*") von 1864.

Zwei Jahre später werden die beiden Brüder in der damals obligatorischen, weil gesetzlich vorgeschriebenen „Fremden-Anzeige" des *Münchner Anzeigers* vom 11. August 1843 gemeinsam als Gäste im Gasthof „Bayerischer Hof" in München erwähnt als „Herr v. Dumreicher, k. u. k. Justizrat, v. Dumreicher, Dr. med." und mit ihnen ein „Frl. v. Dumreicher und Hallberg v. Wien". Man kann vermuten, dass das Fräulein Dumreicher eine Schwester war und der Herr Hallberg aus Wien wohl ihr Verlobter. Warum sie dort weilten ist nicht bekannt, auch nicht, ob sie mit einem der zahlreichen anderen Gäste sie zusammentrafen. Etwa mit Graf von Schallenberg, einem Offizier, gleichfalls aus Wien, vielleicht aber auch mit Herrn Grieshaber, dem Physikus aus Breisach oder Herrn Röntgen aus Güstrov. Vielleicht begegneten sie aber auch dem jüdischen Juwelenhändler Bachmann aus Kriegshaber, der zeitgleich im nicht so weit entfernten „Goldenen Hahn" residierte. Vielleicht kauften sie Schmuck von ihm für eine Verlobung, oder sie trafen den rechtskundigen Magistratsrat der Stadt Augsburg Herrn von Rehlinger, der am selben Tag im „Goldenen Bären" logierte. Fest steht, dass die Meldung im August 1843 Alois Dumreicher bereits als kaiserlichen und königlichen Justizrat registriert. Wie man späteren Notizen entnehmen kann, wurde er zum Ritter und zum Freiherrn ernannt, offenkundig, weil das Kaiserhaus mit seinen Diensten zufrieden war.

In der Porträtsammlung der österreichischen Nationalbibliothek ist ein auf das Jahr 1852 datiertes Portrait des Ritter und Freiherrn Alois Dumreicher von Österreicher erhalten, das uns einen Eindruck vom einzigen in Augsburg amtierenden Bundeskanzler vermittelt.

Im Juni 1856 trat der inzwischen als Legationsrat (außenpolitischer Diplomat) in den

Bundesdienst und schon ein halbes Jahr später übernahm er als Kanzlei-Direktor den Österreich zustehenden Vorsitz im Bundestag des Deutschen Bundes in Frankfurt. Als letzter Kanzler des Deutschen Bundestages war er zum Zeitpunkt der Auflösung in Augsburg bereits etwa zehn Jahre im Amt. Dass Dumreicher Augsburg als provisorischen Sitz des Bundestages vorgeschlagen hatte, hat wahrscheinlich auch mit der Herkunft seiner Familie zu tun.

1883 erschien in Paris in französischer Sprache sein aufschlussreiches Büchlein *„Portraits par un diplomat"* in welchem er eine Zahl von Persönlichkeiten beschreibt, mit denen er als österreichischer Chefdiplomat zu tun hatte. Neben Prinz Clemens von Metternich und andere illustre Berühmtheiten, befinden sich unter seinen Portraits auch Personen mit denen er im Bundestag in Frankfurt und Augsburg zu tun hatte, wie etwa Baron Alois von Kübeck und dessen Gattin oder Madame von Biegeleben-Löw und Baronin von Bülow-Linden.

Österreich als Mitgliedstaat wurde von Freiherr Aloys von Kübeck von Kübau (1818-1873) am Bundestisch im Augsburger Regierungsgebäude vertreten. Kübecks Vater Karl Friedrich wurde 1780 in Iglau (Jihlava) geboren und starb 1855 in Wien. Während seines Studiums in Wien von 1796 bis 1801 war er mit dem Komponisten Ludwig van Beethoven befreundet, worüber auch sein Tagebuch Aufschluss gibt. 1848 gehörte er als Finanzminister der

Revolutionsregierung an, trat nach dem Scheitern der Revolution aber für eine absolutistische Monarchie ein und wurde deshalb politisch unbeschadet 1850 Präsident des österreichischen Reichsrates. Seine Tagebücher gelten als eine wichtige Quelle zum Geschehen der 1848-Bewegung. Sein Sohn Alois, der als Staatsbeamter lange im Schatten seines Vaters blieb, hatte nun den Vorsitz bei der Auflösungssitzung des Deutschen Bundes im Rokokosaal der Augsburger Residenz am 24. August 1866. Seine unversöhnliche Haltung gegenüber den von vielen als berechtigt empfundenen Forderungen der Preußen und dem damit verbundenen Scheitern des Deutschen Bundes sind zu einem gewissen Maße ihm anzulasten.

1872 wurde Kübeck Gesandter Österreichs im Vatikan, verstarb aber bereits im Jahr darauf. Bekannter als er wurde jedoch sein Bruder Karl Friedrich.

*Bayern: Carl Freiherr Schrenck von Notzing*

Freiherr Schrenck wurde 1806 geboren als Sohn des Sebastian Wenzel Schrenck von Notzing (1774-1848) und dessen Frau Leopoldine von Asch, die ein Vierteljahrhundert jünger als ihr Gatte war. Sein Vater war u.a. Justizminister von Bayern und Präsident der Bayerischen Abgeordnetenkammer (Parlamentspräsident). Carl von Schrenck heiratete 1845 die zwölf Jahre jüngere Auguste Freiin von Frankenstein. Im Jahr darauf wurde der Verwaltungsjurist Nachfolger seines Vaters als Justizminister des Königreichs Bayern und bald darauf zusätzlich noch für Staatsminister Kirchenangelegenheiten. Als Schrenck im Februar 1847 wegen Lola Montez ein berühmt gewordenes Memorandum unterzeichnete, entließ ihn König Ludwig I. kurzerhand und der Freiherr wurde in das Amt des Regierungspräsidenten der Oberpfalz „verbannt". 1850 wurde er Bayerns Gesandter im reaktivierten Bundestag in Frankfurt und blieb dies bis 1859, ehe König Max ihn wieder ins königliche Kabinett holte.

1853 hatte Bismarck Karl Schrenck in diesen Worten charakterisiert: *„Den bairischen Gesandten Herrn v. S. rechne ich zu den besten Elementen der Versammlung, sowohl seiner Befähigung, als seinem Charakter nach; er ist ein gründlicher und fleißiger Arbeiter, dabei praktisch in seinen Auffassungen und Urteilen, wenn auch seine mehr juristische Bildung und Denkungsweise ihn mitunter rechthaberisch macht und einem leichteren Fortgang der Geschäfte hemmend entgegentreten. Im amtlichen Verkehr ist er offen und gefällig, so lange sein in der Tat hochgesteigertes und sehr reizbares Nationalgefühl geschont wird, welchem Rechnung zu tragen ich mir besonders angelegen sein lasse."*

Von 1859 bis 1864 war Carl Schrenck von Notzing nun Staatsminister des Königlichen Hauses und des Äußeren (Außenminister) und zudem noch Vorsitzender des bayerischen Ministerrats (Premierminister), schließlich dann auch noch Handelsminister. 1864 bat er wegen der Auseinandersetzungen um den Zollverein um seine Entlassung und wurde wieder Gesandter Bayerns beim Bundestag in Frankfurt.

Damals äußerte sich Bismarck in dieser Weise über ihn: *„Der bairische Bundestagsgesandte ist ein gewissenhafter Charakter, aber auch ihn bewegen seine österreichischen Familienverbindungen und sein auf die Politik übertragener Katholizismus in der Richtung, daß er unwillkürlich österreichischen Sympathien folgt"*.

Freiherr Schrenck war auch als bayerischer Bundestagsabgeordneter in Augsburg, wo er neben Bayern auch noch das Königreich Sachsen vertrat und nach Abreise der österreichischen Vertreter die Aufgabe hatte, das Ende des Bundes zu proklamieren.

Zurück in München gehörte er wieder dem Staatsrat an. 1870 wurde Schrenck-Notzing schließlich noch bayerischer Gesandter in Wien, wo er sodann im Zuge des deutsch-französischen Krieges im Sinne Preußens *„treffli-che Dienste zu leisten im Stande war."* Trotz-dem ging er im Jahr darauf in den Ruhestand und starb am 10. September 1884 auf seinem Gutsbesitz in Wetterfeld bei Cham in der Oberpfalz.

Quelle: Artikel *„Schrenck, Karl Freiherr von"* von Karl Theodor von Heigel in: *Allgemeine Deutsche Biogra-phie,* herausgegeben von der Historischen Kommission bei der Bayerischen Akademie der Wissenschaften, Band 32 (1891), S. 485–488

Arnold Freiherr von Biegeleben (1822-1892) entstammte einer hessischen Diplomaten- und Politikerfamilie. Sein Bruder Maximilian (1813-1899) war hessischer Finanzminister, sein Bruder Ludwig (1812-1872) war ein Opponent Bismarcks und hessischer Vertreter in Wien.

Arnolds politische Karriere begann im Hessischen Außenministerium, wo er Ministerialsekretär und Geheimer Legationsrat wurde. Von 1861 bis 1866 vertrat er das Großherzogtum Hessen in Doppelfunktion als Botschafter in Berlin und als Abgeordneter des Bundestags in Frankfurt. Nach der Auflösung des Bundestages in Augsburg wurde er hessischer

Staatsrat und Abgeordneter der Landstände im Großherzogtum Hessen. 1873 trat er in den Ruhestand und erwarb Schloss Kransberg, dass er zur neogotischen Burg ausbauen ließ.

commons.wikimedia.org

Joseph Franz Peter Freiherr von Linden
(1804-1895) war Jurist und Politiker im württembergischen Staatsdienst. Sohn des Reichs-
kammerassessors Franz von Linden (1760–
1836) und Maria geb. Freifrau v. Bentzel
(1769–1805).

Freiherr von Linden war gelernter Jurist und von 1838 bis 1849 als Vertreter der Ritterschaft Mitglied in der zweiten Kammer des Württembergischen Parlaments. Von 1842 bis 1850 war er Präsident des Katholischen Kirchenrates von Württemberg. 1850 ernannte ihn König Wilhelm zum Innenminister. Er behielt das Amt bis 1864, war zeitweilig aber auch Außenminister und de facto Ministerpräsident. Als solcher vertrat er Württemberg auch im Bundestag.

Nach der Auflösung des Deutschen Bundes in Augsburg wurde von Linden als „lebenslanges Mitglied" der Ersten Kammer des Württembergischen Landtags, doch legte er fast 90 Jahre alt sein Mandat im Jahre 1893 nieder.

Freiherr von Linden gehörte über ein halbes Jahrhundert lang den württembergischen Parlamenten an und war als strikter Konservativer und Gegner der 1848-Bewegung eine der prägenden Figuren des politischen Lebens im 19. Jahrhundert.

*Gottlieb Ernst August Heimbruch* (1822-1892) war Hannoverscher Geheimer Legationsrat und von 1856 bis 1866 Hannoverscher Gesandter beim Deutschen Bundestag. Sein Bruder Carl Johann (120-1895) war Oberstleutnant und Flügeladjutant des Königs von Hannover. Die beiden Brüder errichteten in den späten 1880er Jahren im Neorenaissancestil das stattliche Schloss Etelsen bei Verden.

commons.wikimedia.org

*Hermann Christian Erich von Meyer* (1801-1869) war der Sohn des Juristen, Politikers und Theologen *Johann Friedrich Meyer* (1772-1849), der 1819 wegen seiner Bibelübersetzung auch als „Bibel-Meyer" bekannt wurde.

Hermann hingegen war Naturforscher und entfaltete die Paläontologie zur eigenständigen biologischen Fachdisziplin. Er verfasste unzählige Fachartikel die er mit akkuraten Illustrationen ausstattete. Wie sein Vater war aber auch er politisch tätig und war so bereits seit 1837 beim Deutschen Bundestag in Frankfurt tätig, zunächst als Bundeskassen-Controlleur, ab 1863 sodann als Bundes-Cassierer (Schatzmeister).

1866 rettete er persönlich die Bundeskasse aus Frankfurt vor dem Zugriff der Preußen und brachte sie nach Ulm, schließlich nach Augsburg. Nach Auflösung des Bundestags liquidierte die Kasse und wurde wie die anderen Bundestagsbeamten pensioniert.

*Hermann Meyer: Cyamodus* (1863)

*Botschafter Edme Comte de Reculot*

Der französische Gesandte beim Deutschen Bund und damit de facto französischer Botschafter in Deutschland war zur Zeit der Auflösung des Bundes in Augsburg der Adelige *Edme Charles Louis Francois Comte de Reculot* (1815-1891), in deutschen Landen bekannt als Graf oder Edmond de Reculot war Sohn des adeligen Diplomaten *Louis Comte de Reculot* (1790-1874).

Bereits im Alter von 25 Jahren war der Jurist als „wirklicher Botschafts-Attaché und Sekretär" der französischen Gesandtschaft in Wien. Von dort wechselte er in die Türkei und diente von 1844 bis 1851 als *premiere secretair* des Sonderbotschafter (*envoyé extraordinaire*) in Konstantinopel (Istanbul) und wurde mit dem Orden *Nichani Iftikhar* erster Klasse der „Ottomanischen Porte" ausgezeichnet. Frankreich würdigte seine Verdienste als Ritter des Nationalen Ordens der Ehrenlegion.

Von 1851 bis 1857 war er *französischer Botschafter und bevollmächtigter Minister* am herzoglich Braunschweigischen Hofe und Gesandter in Hannover, wo bereits sein Vater Louis zeitweilig als französischer Gesandter tätig war und wo er 1852 maßgeblich zum Zustandekommen eines Vertragsabkommens „zum Schutze des literarischen und artistischen Eigentums" beitrug.

Von 1857 bis 1861 war er französischer Gesandter in Württemberg (Stuttgart), dann im Zuge einer Versetzungsrochade von 1861 bis 1864 als Gesandter Frankreichs in Bayern, mit Sitz in München, wo er im Palais des Marquis Pallacicini an der Brienner Straße residierte, ehe er wegen einer mysteriösen Brief-Affäre um seine Gemahlin München verließ.

Anfang November 1864 wurde er französischer Sondergesandter beim Deutschen Bund in Frankfurt am Main, und kam so im Sommer 1866 mit dem Bundestag auch nach Augsburg, wo er wie die anderen Abgeordneten und Diplomaten im temporären Bundespalais, im Hotel Drei Mohren in der Maximilianstraße residierte.

Nach der Auflösung des Deutschen Bundes kehrte Graf Reculot nach Frankreich zurück, wo er im Außenministerium tätig war. Am 10. August 1867 wurde Reculot in Paris zum Großoffizier der französischen Ehrenlegion ernannt. Als treuer Gefolgsmann Napoleon III., der als Kind in Augsburg zur Schule ging, wurde er nach dessen Abdankung nach 28 Jahren im Staatsdienst Ende 1871 in den Ruhestand versetzt.

## Allgemeine Zeitung Augsburg, 1866:

Augsburg, 17. Juli – *Der Bundespräsidialgesandte, Freiherr v. Kübeck, sowie der königlich württembergische Bundesgesandte und der englische Gesandte am Bunde sind diese Nacht nun ebenfalls dahier eingetroffen, und in den schon seit Sonnabend bereit gehaltenen Gemächern in den Drei Mohren abgestiegen. Graf Reculot, der französische Gesandte, trifft heute Mittags ebendaselbst ein. Der Präsident der Bundesmilitärkommission, sowie mehrere Generäle der anderen Bundesstaaten bewohnen gleichfalls den altberühmten Gasthof, und daselbst werden für dieselben die Bureaux eingerichtet.*

Augsburg, 18. Juli - *Nachdem die Bundesversammlung zur Erhaltung der Freiheit ihrer Beratungen und des ungestörten Verkehrs mit den bundestreuen Regierungen ihren Sitz nach Augsburg verlegt und die königlich bayerische Regierung derselben zu diesem Zweck die angemessenen Lokale in der königlichen Residenz bereitwillig zur Verfügung gestellt hat, so ersuchte die Bundesversammlung auf den Antrag des Präsidiums den königlich bayerischen Gesandten der königlichen Regierung den Dank der Bundesversammlung auszusprechen. So dann beschäftigte sich die Bundesversammlung mit mehreren die Bundesfestungen betreffenden Angelegenheiten.*

Augsburg. Der gegenwärtig dahier tagende Bundestag besteht aus nachstehenden Herren: Bundestagsgesandte: Für Oesterreich Frhr. v. Kübeck, Präsidialgesandter. Für Bayern Frhr. v. Schrenck. Für Sachsen Frhr. v. Bose. Für Hannover Hr. v. Heimbruch. Für Württemberg Frhr. v. Linden. Für Baden Geh. Rath v. Mohl. Für Kurhessen Hr. v. Meyer. Für Großherzogthum Hessen und für die 13. Stimme Frhr. v. Biegeleben. Für die 16. Stimme Hr. v. Linde. Von der Bundesmilitärcommission sind anwesend: Für Oesterreich Generalmajor Frhr. Backeny v. Kielstädten und Oberstlieutenant v. Tiller. Für Bayern Oberst v. Lessel. Für Sachsen Oberst v. Brandenstein. Für Hannover Generallieutenant v. Schulz. Für Württemberg Oberst v. Wagner. Für Baden Generallieutenant v. Boeck. Ferner die beim Bundestag beglaubigten auswärtigen Gesandten von England Sir Alexander Malet, und von Rußland Frhr. v. Ungern-Sternberg.

Der Artikel nennt auch die Namen der Führung der Bundesmilitärkommission. Für Österreich Generalmajor Freiherr Backeny von Kielstädten und Oberstleutnant von Tiller. Für Bayern Oberst von Lessel. Für Sachsen Oberst Brandenstein. Für Hannover Generalleutnant von Schulz. Für Württemberg Oberst von Wagner, für Baden Generalleutnant von Böck. Ferner die beim Bundestag beglaubigten auswärtigen Gesandten von England *Sir Alexander Malet* und von Russland *Freiherr von Ungern-Sternberg.*

Augsburg, 20. Juli - *Das „Augsburger Anzeigeblatt" vom 19. Schrieb: „Der Herr Baron (Gustav) von Lerchenfeld fährt Allgemeinen Zeitung gegen das bayerische Ministerium, und neuerlich namentlich auch gegen den Generalleutnant von der*

*Tann, einen erbitterten Krieg zu führen, usw."* – Wir geben einfache Erklärung, dass (der) Artikel gegen das Ministerium oder den General von der Tann von Herrn von Lerchenfeld uns weder geschrieben noch eingesandt worden sind. Redaktion der Allgemeinen Zeitung.

In der Beilage zum 21. Juli:

Augsburg. *Zu unserem gesterigen Artikel worin die zur Zeit hier befindlichen Bundestagsgesandten und Militärbevollmächtigten aufgeführt sind, ist noch zu erwähnen: Generalleutnant Frey, Militär-bevollmächtigter für das Großherzogtum Hessen. Von fremden Gesandten beim Bundestag mittlerweile sind auch noch angekommen: die Gesandten von Frankreich und Spanien, Graf Reculot und Herr von Rivera.*

Kommentar der Allgemeinen Zeitung zur Schlacht von Königgrätz (Schlussbetrachtung), 22. Juli 1866:

*„Die Schlacht von Königgrätz ist ein großer Sieg für die preußische Armee gewesen. Die Truppen fochten mit dem größten Heldenmut: stundenlang standen sie in schrecklichem Feuer. Wie man annehmen kann, sind etwa 1500 Geschütze in Aktion gewesen, wovon 750 preußische (waren). Die Hauptwendung zum Siege gab des Kronprinzen Angriff auf den linken Flügel der Österreicher, aber der Angriff auf*

die Fronte wirkte auch wesentlich mit, da, wenn er
nicht dauern unterhalten worden wäre, die Österreicher wohl den Flankenangriff hätten zurück-
schlagen mögen. Nach der Ansicht der preußischen
Generale ist der Rückzug der Österreicher sehr ge-
schickt ausgeführt worden, und ihre Artillerie ausgezeichnet bedient gewesen. Auf preußischer Seite
waren etwa 250.000 Mann am Kampfe beteiligt.
Die Österreicher werden beinahe ebenso viel in der
Schlacht gehabt haben. Über die Zahl der Toten,
Verwundeten und Gefangenen sind noch keine Details berichtet."*

Mitteilung vom 22. Juli in der „Allgemeinen":

„Fürst Leopold Fugger-Babenhausen wurde (am
18.) zum Generalmajor der Landwehr und Kreis-
kommanden der Landwehr von Schwaben und
Augsburg ernannt."

Allgemeine Zeitung vom 27. Juli 1866:

„(Augsburg: Officielle Mitteilung über die Bundestagssitzung vom 26. Juli) - Für die herzoglich-
nassauische Regierung trat der herzoglich-nas-
sauische Staatminister Fürst Wittgenstein in die
Bundesversammlung ein, während der Gesandte
der sächsischen Häuser, welcher bis jetzt noch für
die herzoglich-meiningische Regierung functioniert
hatte, nun auch namens dieser Regierung seinen

*Austritt anzeigte. – Nachdem einige finanzielle Angelegenheiten erledigt waren, wurden verschiedene auf die gegenwärtigen militärischen und politischen Verhältnisse bezügliche Beschlüsse und Anzeigen entgegengenommen."*

„Augsburger Tagblatt" vom 29. Juli zur Augsburger Versammlung im Festsaal des Gasthofs „Mohrenkopf":

„In der gestrigen Volksversammlung wurde folgende Resolution gefasst: *„Wir verwerfen mit aller Entschiedenheit eine Spaltung Deutschlands durch die Mainlinie und einen Ausschluss der führenden deutschen Staaten aus dem deutschen Bundesstaat und Parlament, wir verlangen den Frieden mit Preußen, wir erwarten dass Männer mit der Leitung der Staatsgeschäfte betraut werden, welche gewillt sind in diesem Sinne zum Heile Deutschlands und Bayerns zu wirken."*"

Tags darauf etwas ausführlicher:

*„Wie zu erwarten war, fand diese Versammlung, in welcher die brennenden Tagesfragen zur Besprechung kamen, die regste Teilnahme; die Männer standen Kopf an Kopf. Den Vorsitz führte Herr Hertel. Er verlas die Resolution welche wir gestern in Kürze mitteilten und verkündete, dass sich die Herren Mühlschlegel, Kaumayer jun. und Dr. Völk als*

*Redner gemeldet hatten ... Herr Dr. Völk sprach mit begeisterten Worten für die Einigung Deutschlands. Der unselige Krieg der geführt worden (war), habe keine Freude über errungene Siege aufkommen lassen, denn auf welche Seite hin auch immer ein Schlag geführt worden sey, er habe deutsche Brüder getroffen. Der Krieg müsse enden, und das deutsche Blut müsse gespart werden, um gerüstet zu stehen, wenn Gefahr vom Westen drohe. Gerade weil in Frankreich ein einiges Deutschland nicht geduldet werden wolle, müsse man mit aller Kraft die Einheit erstreben.*

*England rate den Deutschen den günstigen Augenblick nicht zu verpassen und rufe herüber:* „Wenn die dreißig Millionen ein Reich bilden wollen, so werden sie alle Kaiser der Welt nicht daran verhindern!" *Auch werde die Zeit kommen wo unsere deutschen Brüder in Österreich den Ruf ergehen lassen werden:* „bei euch ist gut wohnen, wir wollen auch zu euch stehen". *Die Tränen der Mütter werden nur getrocknet werden, wenn aus dem vergossenen Heldenblut die deutsche Eiche emporwachse. Lang anhaltender Beifall krönte die Rede des Herrn Dr. Völk, welcher schließlich noch auf die hier weilenden Herrn des deutschen Bundestags zu sprechen kam:* „Wir haben sie nicht hierher gerufen, wir haben sie nicht freudig empfangen, wir werden sie auch nicht traurig scheiden sehen; aber das Gastrecht wollen wir ihnen wahren, so ausgewaschen auch die deutsche Fahne ist, die von ihrem Hotel herab weht." *Schließlich ließ Herr Hertel über die*

*Annahme der Resolution abstimmen. Sie wurde mit einer Stimme Ausnahme angenommen."*

Am 31. Juli vermeldete die Allgemeine Zeitung aus Wien:

*„Aus Augsburg ist drei Tagen* (also seit 28. Juli) *der Freiherr von Kübeck hier, und auch bereits beim Kaiser empfangen. In welcher Form die Todeserklärung des Bundestags erfolgen soll, scheint noch nicht festzustehen. Jedenfalls wird derselbe vorher noch eine Reihe von administrativen Geschäften des bisherigen Bundes vollständig abzuwickeln haben., und es dürften dabei Auseinandersetzungen der complicirtesten Art – etwa die Bundesfestungen mit ihrem Material – in Aussicht stehen."*

Anfang August 1866 berichtete die „Allgemeine" erstmals von unmittelbaren Auswirkungen des Krieges auf das öffentliche Leben in Augsburg:

*„Augsburg* – 1. August: *Die Schwurgerichtssitzungen für Schwaben und Neuburg sind so eben mit der 14. Sitzung, wegen drohender Invasion, kassiert und die Herren Geschworenen in ihre Heimat entlassen worden."*

„Augsburg – 2. August: *Mit der Einstellung des Bahnverkehrs von Nürnberg fehlen uns sämtliche Posten (Nachrichten) aus nördlicher Richtung. Auch die Stuttgarter Blätter sind ausgeblieben.*"


Mitteilung des *Augsburger Tagblatts* vom 2. August 1866:

„(Officielle Mitteilung über die Bundestagssitzung vom 2. August): *Die Gesandten des Königreichs Sachsen und des Herzogtums Nassau brachten den beitritt ihrer Regierungen zu der Genfer Convention vom Jahr 1864 hinsichtlich der Behandlung der Verwudneten der Bundesversammlung zur Kenntnis. Das Großherzogtum Baden zeige seinen Austritt aus der Bundesversammlung an, wogegen der bei früheren anlässen ausgesprochene Protest erhoben (wurde), und zugleich unter Vorbehalt aller Rechte des Bundes die großherzogliche Regierung für die Bundesfestung Rastatt und das Bundeseigentum daselbst verantwortlich gemacht wurde, Sodann beschäftigte sich die Bundesversammlung mit mehreren (weiteren) Festungs- und Verwaltungsangelgenheiten.*"


Allgemeine Zeitung vom 5. August 1866:

„Augsburg. (Officielle Mitteilung über die Bundestagssitzung vom 4. August): *Es wurde Anzeige seienr königlichen Hoheit des Prinzen Karl von*

*Bayern über (den) Abschluss des Waffenstillstands zwischen Preußen und den Regierungen von Österreich, Bayern, Württemberg, Baden und dem Großherzogtum Hessen vorgelegt; desgleichen ein Schreiben des gedachten Prinzen, wonach derselbe die ihm durch Bundesbeschluss von 27. Juni d. J. übertragene Stelle eines Oberbefehlshabers der Bundestruppen, insbesondere im Hinblick auf den abgeschlossenen Waffenstillstand und die hieran sich knüpfenden Folgen, niederlegt. Braunschweig erklärte seinen Austritt aus dem Bunde, nachdem in Folge der neuersten Ereignisse, insbesondere nachdem Preußen und mit diesem die Mehrzahl deutscher Regierungen aus dem Bund ausgetreten sey, es demselben an den notwenigen Voraussetzungen des Fortbestands fehle. Gegen diesen Austritt wurde der auch in früheren Fällen erhobene Protest ausgesprochen. Sodann wurde beschlossen dem Rückmarsche der norddeutschen Truppen aus den Bundesfestungen in ihre Heimat in Anbetracht der notorischen tatsächlichen Verhältnisse kein Hindernis in den Weg zu legen."*

Kurzmitteilung vom 4. August 1866:

*„Augsburg – Wie der englische, so verließen nunmehr auch der spanische und der belgische Vertreter beim deutschen Bunde die Stadt Augsburg. Nut der russische Gesandte verbleibt hier als einziger fremder Gesandter am Bundestag."*

Tags darauf vermeldet hingegen die „Österreichische Zeitung“, dass die Meldung anderer Blätter, der Präsidalgesandtschaftsposten sei eingezogen und ein Teil der Teil der beglaubigten Gesandten fremder Mächte abberufen unrichtig sei.

*„Der Bund und die Bundesversammlung bestehen fort bis zum definitiven Frieden. Freiherr von Kübeck werde nächster Tage nach Augsburg zurückkehren. Bis jetzt habe kein einziger fremder Vertreter seine Abberufung notifiziert.“*

In den nächsten Tagen war der Bundestag in Augsburg nicht mehr aktiv. In der Presse setzte sich eine Stimmung durch, die am Sinn der Versammlung zweifelte. Sie wurde als „Rumpfbund“ konstatiert und immer verdichtete die Erkenntnis: *„Der eine Tag vom 3. Juni 1866 hat den restaurierten Bund vernichtet, und die Einheit der Nation mehr gefördert als die gesamte Revolution von 1848/49.“* (Allgemeine Zeitung, 5. August) Die bis dato vorherrschende pro-Österreichische Stimmung in der Öffentlichkeit änderte sich nun zunehmend zu Gunsten der Preußen. Österreich wurde als überfordert, unfähig und lustlos beanstandet.

Am 22. August erst berichtet die Allgemeine Zeitung wieder zum Bundestag in Augsburg:

*„Dass die Auflösung des Bundestags in Augsburg erst nach der Ratification des Friedens erfolgen soll, wird uns von mehrfacher Seite bestätigt. Über das Geschick der Bundesbeamten erfahren wir aus guter Quelle, dass dieselben eine Eingabe wegen Sicherstellung ihre Zukunft an die Bundesversammlung gerichtet haben. Diese habe insofern einen günstigen Boden gefunden, als sie den an den Vertreter Österreichs bei den Friedensverhandlungen mit dem Ersuchen abgegeben wurden, dass wegen der Bundesbeamten in dem Friedenstraktat selbst eine Übereinkunft getroffen werden möge. Man hofft allgemein, dass dieses gerechte verlangen von Seiten Preußens auf keinen Widerspruch stoßen wird. Wegen des Bundesvermögens und dessen Teilung soll, wie wir glaubhaft vernehmen, nach geschlossenem Frieden in unserer Stadt eine Zentralkommission zusammentreten. – Über die Erfolge unserer Deputation in Berlin verlautet selbst in den intimsten Kreisen nichts Näheres. Originell ist wie die Dienstboten die Personalunion auffassen, dieselben berufen sich bei vorkommenden Ladungen vor das Polizei-Amt auf ihre Eigenschaft als Preußen, und glauben, sie könnten nun nicht mehr wegen Übertretung der Gesinde-Ordnung etc. gestraft werden. Als ein Zeichen der Zeit glaub ich Ihnen berichten zu sollen, dass die „Darmstädter Zeitung" in Hessen-Homburg von Seiten der preußischen Zivilkommission verboten worden ist."*

Am 24. August erfolgte die sich unvermeidlich abzeichnende Nachricht, zur Auflösung des Deutschen Bundes, mit zugleich auch die nach napoleonische Nachkriegsordnung zu Ende ging:

„Augsburg – 24. August: *In heutiger Sitzung des Bundestags traf die Bundesversammlung noch einige Verfügungen in Verwaltungsangelegenheiten, und beschloss sodann, nachdem die Folge der Kriegsereignisse und der Friedensverhandlungen der deutsche Bund als aufgelöst betrachtet werden muss, ihre Tätigkeit mit der heutigen Sitzung zu beendigen, auch hiervon die bei ihr beglaubigten Vertreter auswärtiger Regierungen zu benachrichtigen. Zugleich traf die interimistische Fürsorge für das Bundeseigentum, bis in dieser Beziehung die weiteren geeigneten Maßnahmen von den früher im Bunde vereinten Regierungen ergriffen sein würden, und empfahl letzteren, die Beamten und Diener des Bundes, sowie diejenigen Individuen welchen von Bunde Pensionen und Unterstützungen verwilligt worden sind, hinsichtlich ihrer Gehalts- und Pensionsansprüche, beziehungsweise Unterstützungen, indem die Ausbezahlung der auf Bundesbeschlüssen beruhenden Bezüge jeder Art bis auf weiteres angeordnet wurde.*"

Sehr viel zahlreicher als die Bezugnahmen auf den Bundestag waren tägliche Berichte vom Krieg und von Kriegsschäden, von den Augsburg selbst, nur noch knapp 200 km von den Fronten entfernt, verschont geblieben war:

„Bayern – 29. August: *In dem so schrecklich vom Krieg heimgesuchten Westheim bei Hammelburg (nahe Schweinfurt) ist kürzlich auch noch ein furchtbarer Brand ausgebrochen. Elf Wohnungen und vierzig Nebengebäude sind beschädigt. Das Elend ist grässlich. Als Entstehungsursache des Unglücks wird das Spielen von Kindern mit Feuer bezeichnet.*"

Die Friedensverträge zwischen Preußen und den Süddeutschen Staaten sorgten nicht überall sogleich für Friede, Freude und Eierkuchen, wie man vermuten könnte. Immer wieder flammten Feindseligkeiten zwischen erhitzen Gemütern auf:

„Wiesbaden, 28. August: *Zwischen Zivilisten und Preußen entstanden gestern Abends blutige Exzesse, wobei Zivilisten verwundet wurden. Dienstmägde und Personen der arbeitenden Klasse nahmen Anteil. Die letzteren schlugen auf preußische Soldaten, und diese zogen blank. Eine ungeheure Menschenmasse versammelte sich, und nur mit großer Mühe gelang es der Polizei- und Militärbehörde, die versammelte Masse auseinander zu bringen. Zu Ehren der nassauischen Soldaten muss erwähnt werden, dass diese sich nicht an dem Konflikt beteiligten.*"

Ein anderer Bericht:

„Aschaffenburg. 28. August – *So unglaublich es scheint, bestätigt sich doch die Nachricht von dem Mordversuch am 26. August bei Stockstadt, von einem bayerischen Soldaten gerichtet gegen einen preußischen Offizier. Der Extrazug über Darmstadt nach Aschaffenburg, welcher die im höchsten Grad aufgeregten bayerischen Truppen am 26. Aug. gerade in dem Augenblick aus der Festung hinwegführte, als die preußischen Truppen deselbst ihren Einzug hielten. Kurz vor dieser Station hielt der Zug bei der Haltestelle Stockstadt an, oder vielmehr er fuhr so langsam, um einem preußischen Offizier, der unterwegs eingestiegen war, das Aussteigen zu ermöglichen. Dieser Offizier gehörte der preußischen Besatzung von Aschaffenburg an; er soll aber schon bei dieser vorletzten Station ausgestiegen sein, weil er es dem Zustande der bayerischen Soldaten für geraten hielt nicht mit zugleich in Aschaffenburg den Zug zu verlassen. Kaum hatte der preußische Offizier den Wagen verlassen, als aus einem der mit bayerischen Soldaten Wagen ein Schuss fiel, der den Offizier zu Boden streckte. Der Zug fuhr weiter als wäre nichts vorgefallen und hielt in Aschaffenburg nicht nur an, sondern die Soldaten zogen auch in hellen Haufen in die Stadt hinein, wo sie für ihren Tatendurst lediglich auf ihre Seitengewehre angewiesen waren, da sie ihre „Podewils" auf dem Bahnhof hatten zurücklassen müssen. Der schwer verwundete preußische Offizier liegt im großen Lazarett am Herstalltor vor Aschaffenburg. Das Geschoss traf ihn von hinten in die rechte Hüfte, durchbohrte dieselbe und fuhr dann wieder hinaus. Es handelt sich bei ihm um den Premierleutnant im 59. Infanterieregiment von Fritsche. – Es steht zu erwarten, dass die Sache von Seiten der bayerischen Militärbehörde streng untersucht wird, zumal der preußische Ministerpräsident aus dem Vorfall unbedingt Konsequenzen ziehen will."*

Neben vielen Zerstörungen, Toten, Verwundeten, und dergleichen brachte der Krieg wie in früheren Zeiten auch dieses Mal wieder Krankheiten und Seuchen mit sich. Dazu ein Bericht der „Augsburger Postzeitung" vom 29. August betreffend „Pferderotz und Typhus", den die nassauischen Truppen nach Günzburg eingeschleppt hatten:

*„Krankheiten, welche das Militärkommando aber aus leicht verständlichen Gründen zu verheimlichen versuche. Vom Kommando der herzoglich nassauischen Feldbrigade in Günzburg sind wir nun angegangen worden, zur Beruhigung der Gemüter und im Interesse der Wahrheit, auf Grundlage bezirksamtlicher Bekanntmachung nachfolge Berichtigung verlauten zu lassen:*

*Die Pferde der herzoglichen nassauischen Brigade, welche im diesseitigen Amtsbezirk untergebracht sind, wurden in Folge erhalten und von den diesseits den königlichen Bezirksämtern Neu-Ulm und*

*Illertissen mitgeteilten Regierungsauftrags vom 18. Des Monats im Benehmen mit dem Militärkommando der genaueren der genaueren Untersuchung des Bezirkstierarztes unterstellt und solgleich die nötigen sanitätspolizeilichen Maßnahmen verfügt. Nachdem unterm 24. d. M. der Polizeitierarzt Herr Adam von Seiten der königlichen Regierung hierher abgeordnet wurde, wurde die Untersuchung erneuert und auch auf die Militärpferde in den Bezirken von Neu-Ulm und Illertissen ausgedehnt. Das Ergebnis dieser wiederholten Untersuchung ist nachstehendes: Am 16. d. M. fiel zu Nornheim ein Pferd des nassauischen Pionier-Detaschements lt. dienstlicher Anzeige des dortigen Militärkommandos wegen „Abzehrung". Am 23. d. M. wurde ein Pferd der Proviant-Colonne mit Erscheinungen des „acuten Rotzes", dann am 25. ein zweites Pferd derselben Kolonne, mit Wurmgeschwüren an den Lippen behaftet, dahier getötet. Bei letzterem hat sich keine Spur der Rotzkrankheit ergeben. Ebenso sind aber zwei Pferde unter typhösen Erscheinungen dahier rasch verendet, und in Leipheim ein solches an „Wassersucht" und unter typhösen Erscheinungen gefallen. Die übrigen Pferde der verschiedenen Truppenabteilungen - Train-Artillerie und Husarenpferde – ließen außer gutüberstandenen Strapazen – einen befriedigenden Gesundheitszustand erkennen. Indem man diesen Befund zur Beruhigung veröffentlicht, und dabei kundgibt, dass im Benehmen mit dem betreffenden Militärkommando jene sanitätspolizeiliche Maßregeln getroffen worden sind, welche zur Verhütung jeder Ansteckung und Verbreitung einer Krankheit geboten erscheinen,*

*wird hierin das verbreitete Gerücht und der gleich-*
*zeitig ausgesprochene Verdacht einer Verheimli-*
*chung seine Berichtigung finden. – Günzburg, den*
*28. August 1866, gezeichnet der königliche Bezirks-*
*hauptmann Braun und der königliche Bezirksarzt*
*Dr. Hug.“*

In einer Kurzmitteilung vom 1. September 1866
reichte die Allgemeine Zeitung zum Bundestag nach:

„Die Bundesversammlung in Augsburg hatte in
Schlusssitzung vom 24. August eine Deputation der
Bundeskommission ernannt, und ihr den Auftrag
gegeben, bis zum Zusammentritt der Liquidations-
kommission die Verwaltung des Bundeseigentums
fortzuführen. Diese Deputation ist zusammengesetzt
aus dem österreichischen Oberst von Tiller, dem
bayerischen Oberst von Lessiel und dem sächsischen
Oberst von Brandenstein. Die Kommission wird
ihren Sitz in Augsburg haben.“

* **Augsburg**, 1 Sept.  Se. k. Hoh. der Feldmarschall Prinz Karl
von Bayern wird mit dem Hauptquartier der mobilen Armee heute Nachmittags 1 Uhr dahier eintreffen, und im Hôtel zu den „Drei Mohren“ Absteig-
quartier nehmen.

Trotz der amtlichen Beschwichtigung hielten
auch in den folgenden Wochen Berichte über
Seuchen und Erkrankungen an. Im beginnen-
den Herbst war auch nicht mit einem Abflau-
en von entsprechenden Infektionen zu rechnen.

## *Carl von Obermayer – ein Vermittler der Deutschen Einheit?*

Eine besondere etwas heikle Rolle im zeitlichen Geschehen spielte der Kommandant der Augsburger Landwehr, Carl Obermayer (1811-1889), der auch als Militärreformer und Stratege und Reformer von sich reden machte und Armeen verschiedener Ländern besuchte, unter anderem auch in den Vereinigte Staaten von Amerika, deren Konsul in Bayern mit Sitz in Augsburg er auch geworden war. Von 1853 bis 1867 war er zudem auch Begründer und Vorsitzender der modernen jüdischen Gemeinde in Augsburg. In seiner Amtszeit erhielten die Augsburger Juden erstmals seit 1440 wieder eine eigene Synagoge, einen eigenen Rabbiner und einen eigenen Friedhof.

Carl Obermayer wurde 1811 in Kriegshaber als Sohn des Bankiers Isidor Obermayer geboren, der Mitbegründer der Hypovereinsbank und der Bayerischen Staatsbank war und als früher Eisenbahnpionier die Gleise und Lokomotiven für die erste bayerische Überlandbahn von Augsburg nach München besorgte und später noch am Bau der Bahnlinie Lindau – Hof beteiligt war. Isidors Tochter Henriette, Carls ältere Schwester, war bereits seit 1830 mit Simon Oppenheim, dem Sohn und Erben des

Bankgründers Salomon Oppenheim in Köln verheiratet, dessen Bankhaus Sal Oppenheim eine wesentliche Rolle bei der Industrialisierung des Ruhrgebietes spielte. Beachtenswert ist die persönliche Freundschaft des Ehepaars Oppenheim mit dem deutschen Kaiser, die sie zu mehreren Privatbesuchen nach Berlin führte. Carl selbst besuchte im Laufe mehrmals den König von Preußen, verkehrte aber auch am Hofe von Kaiser Napoleon III. in Paris, mit dem er bereits als Mitschüler am Augsburger Anna-Gymnasium, das der spätere Monarch von 1821- 1823 besuchte, befreundet war. Carl von Obermayer wurde in Washington von James Knox Polk (1795-1849), seit 1845 11. Präsident der USA persönlich zum Konsul der Vereinigten Staaten von Amerika im souveränen Königreich Bayern mit Sitz in Augsburg ernannt. Obermayer hatte sich über ein Jahr in Amerika aufgehalten und war dabei auch in den damals noch wilden Westen und weilte just zu dem Zeitpunkt in Texas, als der seit 1841 unabhängige Staat im Februar 1845 von den USA annektiert wurde. Auch in Texas und Amerika studierte Obermayer Militärtechnik, Logistik und Strategien der verschiedenen Armeen und Waffengattungen. Von seinen Amerika-Reisen bracht Carl Obermayer eine stattliche Anzahl Souvenirs von amerikanischen Ureinwohnern mit, Gebrauchsgegenstände ebenso wie Waffen und Pfeifen  Als Mitglied und Förderer des Naturhistorischen Vereins und Museums in Augsburg, stiftete Carl Obermayer die meisten seiner indianischen Mitbringsel dem Naturhistorischen Museum, das damit seine bis dato eher magere anthropologische Sammlung deutlich aufstocken konnte. Zur damaligen Zeit – ein halbes Jahrhundert bevor der „Wilde Westen" durch Buffalo Bill oder Karl May in Europa und Deutschland popularisiert wurden – eine Sensation, die zahlreiche Besucher anlockte.

Das Büro seines Amerikanischen Konsulats hatte er im Aufgang des Obermayer'schen Palais eingerichtet, wo sich seit 1956 das Augsburger Standesamt befindet. Neben der Übermittlung amerikanischer Depeschen und der Betreuung der amerikanisch-bayerischen Handelsbeziehungen hatte er als Konsul vor allem mit auswanderungswilligen Schwaben zu tun, die meist aus wirtschaftlichen Gründen nach Amerika wollten, darunter sehr viele Juden. Abertausende Emigranten in den 1840er bis 1860er Jahren sprachen in Obermayers Palais beim Augsburger Herkulesbrunnen vor, um eine Genehmigung für die Überfahrt nach Amerika via Bremen oder Hamburg zu erhalten.

Obermayer gelangte nach seiner skandalträchtigen Scheidung von seiner Frau Emma 1842 zur Augsburger Landwehr, auf Vermittlung seines Vaters Isidor, der ihr bereits seit 1830 angehörte. Die Landwehr sollte dem Sohn, dessen Ruf durch Affären und Gerüchte in Mitleidenschaft geraten war, dabei helfen in geordnete Bahnen zurückzufinden. Doch bald schon machte sich Carl selbst darüber Gedanken, wie die altertümliche Landwehr zu reformieren sei. Neben der Militärgeschichte befasste sich der als Lebemann verschriene Obermayer von nun an sehr ernsthaft mit den Strukturen, der Logistik, der Ausrüstung und der Organisation des Militärs. In der Landwehr stieg er bald in höhere Ränge auf. 1845 wurde er zum Leutnant befördert, 1848 zum Oberleutnant und 1850 zum Hauptmann. Im Jahr darauf gehörte er als Major schon zum Regimentsstab und wurde später Oberleutnant. Im Dezember 1862 ernannte ihn König Ludwig II. schließlich zum Oberst und zum und zum Kommandanten des Augsburger Landwehrregiments. 1864 besuchte er Großbritannien und verschaffte sich als Vertreter des Königlich Bayerischen Militärs auch dort unmittelbare Eindrücke vom britischen Militär. 1865 legte er seine umfangreichen und durchdachten Reformvorschläge für die bayerische Landwehr vor, an König Ludwig II. gerichtet.

*Landwehr-Oberst und US-Konsul Carl von Obermayer,*
*Augsburger Photographie von 1876*

Zum einem eine mit 96 Seiten recht ausführliche vergleichende Gegenüberstellung der Landwehrordnungen von Bayern, Preußen, Sachsen, Belgien und Frankreich, zum anderen seine 27 Seiten umfassenden stichhaltigen Reformvorschläge. Leider sind seine in akkurater Kanzleischrift handschriftlich verfassten Werke bis heute nicht als Druckausgabe erschienen, vielleicht weil Stoff und Schrifttyp inzwischen doch eher speziell sind.

Jedoch befasste sich, um nun wieder auf das Jahr 1866 zurückzukommen auch die Augsburger Presse mit dem Militärreformen des Carl Obermayer.

Bericht der Augsburger Postzeitung vom 7. Januar 1866:

*„Über die Abänderung mehrerer Bestimmungen der Landwehrordnung vom 7. März 1826" ist vom Kommandanten unseres Landwehrregiments, Hr. Karl Obermayer, in einer Eingabe an die Landesregierung ein Vorschlag gemacht worden, wodurch, wie vom Verfasser selbst gesagt wird, dessen frühere „Vorschläge zu einer neueren Landwehrordnung" nicht aufgegeben werden, sondern die gegenwärtige Übergangsperiode einigen fühlbaren Mängeln des Landwehrinstituts abgeholfen werden soll. Elf Paragraphen der alten Landwehr-Ordnung sollen darin abgeändert werden. Die Bestimm-ungen, welche die momentane Dienstbe-freiung der Landwehrmänner betreffen, sollen strenger und beschränkter werden. Das Rückgeld für jene, welche nicht persönlich Dienst leisten wollen, sei*

auf 50 Gulden zu erhöhen. De Landwehrpflicht soll mit dem 50. Lebensjahr enden. Einer weiteren Reduktion in dieser Beziehung empfiehlt sich nach der Ansicht Herrn Obermayers unterstehenden Verhältnissen nicht. Sie wäre nur, ohne Schädigung der Sache durchführbar, wenn die Landwehrpflicht bereits eine allgemeine wäre und schon mit dem 21. Lebensjahr beginnen würde. Es wäre auch zu fürchten, dass im Falle weitergehender Reduktion für jetzt ein fühlbarer Mangel an brauchbaren Offizieren und Unteroffizieren eintreten würde, solange nicht für einen bestimmten Zeitraum treugeleisteter Dienste eine ebsondere Auszeichnung gewährt wird. Eine Reduktion der Dienst-pflicht zur Zeit auf 5 Jahre erscheint daher als Erleichterung, ohne dass hierdurch die Zahl der Pflichtigen zu bedeutend vermndert würde.

Was die Uniformierung der Landwehr anbetrifft, so ist beid dieser für jetzt schon eine Reform leicht vollziehbar. Es empfiehlt sich: ein blauer Waffenrock ohne Epanletten, Wülste und Achselklappen, Beinkleider von grauen Warengetuch ohne Paßpolk, dunkel-graue Mantel ohne Abzeichen, bezüglich der Bewaffnung soll bei der Infanterie der Säbel einer Bajonnetscheide weichen, getragen an schwarzledener Gürtelkoppel samt Patronentasche. Die Lieferung der Uniform soll, behufs gleichmäßiger und billigerer Ausstattung in die Hände der Ökonomiekommission gelegt werden. Hierdurch werden Mängel beseitigt, welche der

*Würde des Instituts nicht ankleben sollten, und Klagen von Seite der Mannschaft.*

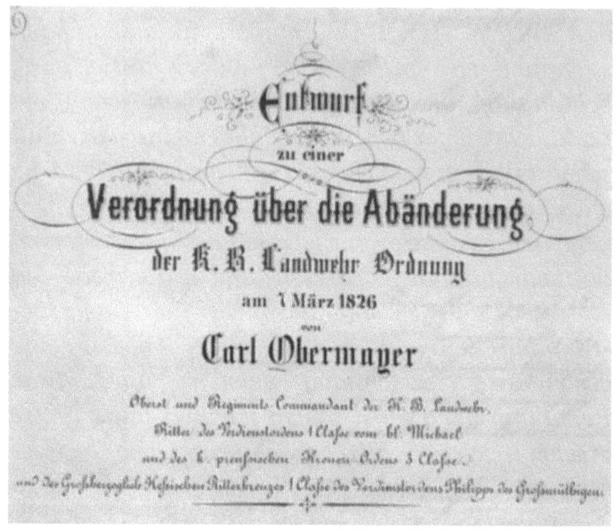


Epauletten, Wülste, Handschuhe, auch der Helm sollen entfernt werden, letzterer, wenn er durchaus beibehalten werden wollte, doch nur bei Paraden getragen werden. Die Grenadiere sollen, wo sie noch bestehen, aufgelöst und den übrigen Abteilungen einverleibt werden. Die Zahl der Übungstage wollen die Vorschläge auf das Minimum von acht herabgesetzt wissen. Diese Reduzierung ist aber, soll die Landwehr auch leisten was von ihr zu fordern berechtigt ist, nach Herrn Obermayer nur dann durchführbar sein, wenn die neu zugehende Mannschaft durch Unteroffiziere der Linie oder Landwehr vorher vollständig in den Waffen eingeübt ist, und wie die Einrichtung bei dem Landwehrregiment Augsburg besteht, vor Beginn der Übungen von Offizieren und Unteroffizieren mit der Mannschaft einen theoretischen Kursus, welcher hauptsächlich das Exerzierreglement zu umfassen hat, abgehalten wird. Als Übungszeit erscheint am geeignetsten Frühjahr und Herbst, so dass jede der beiden Jahreszeiten vier Übungstage treffen. Herr Obermayer glaubt, dass wenn diese Vorschläge zur Ausführung gelangen, für jetzt viele Klage beseitigt werden."

*Obermayers Handschrift an König Ludwig II.*

Im Monat darauf meldete die „Augsburger Postzeitung" kurz und bündig:

„Augsburg, 18. Februar*: Unser Landsmann, Herr Landwehr-Oberst Obermayer, der um die preußischen Landwehrverhältnisse zu studieren sich dorthin begeben hatte und augenblicklich in Ber-*

*lin weilt, wurde am 13. des Monats vom König von Preußen in einer Audienz empfangen."*

Dass sich Obermayer, der zugleich auch Vorsitzender der neugegründeten und von König Ludwig II. offiziell anerkannten Israelitischen Kultusgemeinde von Augsburg - als Figur des öffentlichen Lebens und als Jude ersichtlich – bei den Judenhassern jener Tage als Zielscheibe anbot, ist wenig verwunderlich. Ein zu unserm Gegenstand passendes Beispiel dafür ist die Erwähnung im Werk des Antisemiten Georg Ratzinger (1844-1899), der 1897 unter dem Pseudonym „Dr. Gottfried Wolf" ein Pamphlet über „Die Juden in Bayern" veröffentlichte und auf Seite 55 auch Obermayer erwähnt:

*„Sogar in die Armee drängten Juden unter Max II. sich ein und wussten sich wichtig zu machen. Im Jahre 1863 gelang es den Juden in Augsburg, den jüdischen Banquier Obermeyer zum Obersten der Landwehr alter Ordnung zu wählen. Als bald wusste dieser famose Judenoberst, welcher in Wien als Linien-Obersten sich feiern ließ, eine politische Rolle zu spielen. Im Jahre 1864 wurde vom Ministerium des Innern diesem Landwehr-Oberst Herrn Obermeyer, Kommandanten des Landwehr-Regiments Augsburg, der Auftrag erteilt, in einigen deutschen Staaten, dann in Belgien und Frankreich, die dortigen Landwehr-, beziehungsweise Nationalgarden-Institute in Augen-*

*schein zu nehmen und über die gemachten Wahrnehmungen eingehenden Bericht zu erstatten. „Herr Obermeyer wird in Begleitung eines Oberleutnants der Linie als Adjutanten in den nächsten Tagen seine Mission antreten." Als der „grause jüdische Mann" sich in Belgien, Frankreich und einigen deutschen Staaten alles angesehen (hatte), ging er nach Berlin. Unter dem 27. Februar 1865 empfing unser König Ludwig II. den Herrn Oberst Obermeyer über dessen Aufenthalt in der norddeutschen Metropole. Die Juden aber meinten: „Der Obermeyer hat gehalten Vortrag an den König über die militärischen Verhältnisse in Preußen." Nach solchen Informationen war die Niederlage des kommenden Jahres 1866 vorauszusehen."*

Ratzinger, im Übrigen ein Großonkel des „deutschen Papstes" Benedikt XVI., der in Juden durchweg nur finstere Gestalten und Volksschädlingen sieht macht, wie man seinen Zeilen entnehmen kann, den Augsburger Landwehroberst offenbar verantwortlich für die militärische Niederlage gegen die Preußen. Wäre da nicht der Umstand, dass aus der Sicht eines bitteren Antisemtien wie Ratzinger, alles was Juden bewerkstelligen bösartig sein muss, müsste er sich als deutscher Nationalist und Abgeordneter des bayerischen Landtags und des Deutschen Reichstags eigentlich darüber freuen. Viel naheliegender war es nun aber „den Juden" zu unterstellen, gegen Deutschland zu sein und Obermayer eben bloß als „kraushaarigen" Dilettanten zu karikieren.

Als Sohn und Enkel zweier überaus bedeutsamer Finanziers und Bankiers war Carl, der selbst keinen Gefallen am Bankgeschäft hatte und das väterliche Geschäft wenige Tage dem Tod des Vaters veräußerte, seit seiner Jugend diversen Anfeindungen ausgesetzt. Ein Beispiel aus dem Jahr 1831 überliefert uns hierfür das in Augsburg erschienene antisemitische Schmierblatt „Ahasveros", das man getrost als man als geistigen Urahn des *„Stürmer"* bezeichnen kann.

Im Februar 1831 veröffentlichte das Blatt einen anekdotischen Bericht über eine Kutschenfahrt von Augsburg nach München oder vielleicht auch umgekehrt. So genau wissen „die" anonymen Schreiber es nicht mehr. Jedenfalls sitzen „sie" im selben Wagen wie ein junger Jude, dessen Vater „als Erzwucherer" mit Kriegsgeschäften enormen Reichtum gemacht habe, in markanter Erscheinung aber für den Geschmack der heimlichen Beobachter auch mit ungebührlichem Benehmen.

Im Gasthof in Dachau, beim *Zieglerwirt zur Post*, um genau zu sein, sei der (wegen der Vorliebe für Champagner, Märzenbier und ...)

als „*Champagnier-Bock*" umschriebene junge „*geile*" Wüstling mit der Bedienung umgegangen wie die Viehmagd mit der Kuh oder so ähnlich – und man fasst es heute noch kaum – derselbe habe sich sogar *mit beiden Ellenbogen auf den Tisch* aufgestützt. Skandal!

Alles in allem handelt es sich um einen ganz banalen Vorgang, bei dem eine Gruppe junger Reisender im Gasthof sitzt und Märzenbier trinkt. Wahrscheinlich scherzten und flirteten sie mit der Bedienung und das war es dann, denn weiteres weiß auch der Bericht zu überliefern. Aus der verstohlenen Perspektive eines krankhaften Neiders wurde jedoch der Anschein erweckt, die gewöhnliche dörfliche Wirtshausszene hätte einen finsteren, dämonischen Unterton.

Sehr wahrscheinlich hat den Bericht 1831 schon kaum jemand beachtet. Für uns ist es jedoch relevant, da von drei Juden aus Augsburg die Rede war und die Beschreibungen verbunden mit der Datierung darauf ergeben, dass es sich beim geschmähten jüdischen „Modebengel" um den damals noch nicht ganz 20jährigen Carl von Obermayer handelte, dem Sohn des ebenso reichen wie erfolgreichen Bankiers Isidor Obermayer, dessen Vater (Carls Großvater) zur Zeit der Napoleonischen

Kriege tatsächlich als Militärlieferant des bayerischen Herzogs zu seinem Vermögen gekommen war.

Wie sich Obermayers Vorschläge für eine Militärreform auf den Konflikt zwischen Preußen und Österreich auswirkte, bei welchen die Bayern auf Seiten Wiens standen, ist tatsächlich wenigstens zu erahnen, zielten seine Reformen ja auf eine schlagkräftigere und effizientere bayerische Armee. Franz von Merkl hält dies so zumindest für möglich: *„Möglicherweise wäre Bayern mit einer funktionstüchtigen Landwehr 1866 in einer deutlich stabileren Verhandlungsposition Preußen gegenüber gewesen."*

Wie wir wissen tagte 1866 vom 20.- 22. April die Minister-Konferenz des Deutschen Bundes zur Beilegung des Reformstreits bereits im Augsburger Hotel Drei Mohren, welches sich wenige Schritte, schräg gegenüber von Obermayers Wohnpalais beim Herkulesbrunnen befand. Wie den Berichten zu entnehmen ist, besuchten die Minister der deutschen Teilstaaten zum Abschluss der zunächst ermutigenden Konferenz auch ausdrücklich die naturhistorische Sammlung im Maximilianmuseum. Da Obermayer mit den Ministern persönlich bekannt war, können wir davon ausgehen, dass er ihnen auch die von ihm importierten indianischen Waffen gezeigt haben wird.

Die in Augsburg verabredete Einigung hielt jedoch nicht lange und so marschierten bereits am 9. Juni 1866 preußische Truppen im damals österreichischen Holstein ein, worauf hin Österreich beim Bundestag in Frankfurt die Mobilisierung der restlichen Bundestruppen beantragte. Dem stimmte der Bundestag am 14. Juni zwar zu, worin Preußen aber einen Verfassungsbruch sah. Der Krieg weitete sich nun endgültig zum „Deutschen Krieg" aus.

Preußen verbündete sich dabei aber mit Italien, dass es auf das von den Österreichern beherrschte Venetien abgesehen hatte. Da es den Preußen zudem auch gelang die west- und norddeutschen Staaten an sich zu binden, geriet die bisherige Vormacht Österreich ins Hintertreffen. Die Entscheidung fiel schließlich am 3. Juli in der Schlacht bei Königsgrätz in Böhmen. Am 26. Juli siegten die Preußen bei Uettingen in Unterfranken auch über die bayerische Armee. Am selben Tag tagte der geschrumpfte Bundestag in seiner 37. Sitzung des Jahres 1866 bereits zum zweiten Mal in der königlichen Residenz zu Augsburg.

Dazu nochmals Franz Josef Merkel:

*„Vor Beginn des Deutschen Krieges des Jahres 1866 handelten Carls Kölner Verwandte als preußische Patrioten und versuchten zusammen mit Bismarcks Bankier Gerson Bleichröder, durch schnelle finanzielle Operationen den europäischen Geldmarkt leer zu räumen und dadurch die wenig kreditfähige österreichische Monarchie an einer Politik der Stärke und Mobilmachung zu hindern."*

Carl von Obermayer war, wie später unmissverständlich klar wurde, seit langem ein ausgesprochener Befürworter einer deutschen Vereinigung unter preußischer Führung. Wegen der persönlichen Beziehungen zum preußischen König Wilhelm und dessen Sohn und späteren Kaiser Friedrich (1831-1888), wie auch zur preußischen Militärführung ist es augenscheinlich, dass Obermayer im Februar 1866 von Kaiser Wilhelm persönlich empfangen wurde und mit ihm über militärische Fragen konferierte. Kurz nach der österreichischen Niederlage wurden sodann auch Vorwürfe gegen Obermayer laut, er „der Jude" habe militärische Geheimnisse der Bayern und Österreicher an die Preußen verraten und sei deshalb maßgeblich für die Niederlage verantwortlich. Ob dem wirklich so war, ist möglich aber – weil nicht zu beweisen – fraglich, auch wenn Obermayers Sympathien bekannt waren und die notwendigen Kenntnisse und Kontakte vorhanden waren.

Fest steht, dass die Bayerische Regierung noch Ende Juli die Gesetze hinsichtlich Geheimnisverrat verschärfte, sich dabei aber vor allem an die Presse wandte, die freilich schon über Monate recht minutiös über alle möglichen Details des Krieges, wie auch über Truppenbewegungen, Verwüstungen, Stützpunkte, Gefangen- und Verwundetentransporte ausführlich berichtete, ganz zu schweigen von zahllosen Aufrufen zu Spenden für Kriegsopfer und verwundete Soldaten, die oft des nachts auch am Augsburger Bahnhof anlangten und ohne Nothilfe in einer noch schlimmeren Lage gewesen wären als dies ohnehin der Fall war.

Die königlich bayerische Regierung griff, als es aus militärischer Sicht bereits zu spät war, zum Instrument der Nachrichtensperre und Militärzensur in Bezug auf Berichte über die eigene und verbündete Armeen:

*„Über den Plan und die Richtung militärischer Operationen der Truppen Bayerns und aller auf bayerischer Seite am Kriege teilnehmender Staaten, über die Bewegung, Stärke und den Aufstellungsort dieser Truppen, über den Zustand von Befestigungsanlagen, endlich über die Aufbewahrung oder den Transport von Kriegserfordernissen Bayerns*

*... dürfen Nach richten in Zeitungen aufge-
nommen oder sonst durch die Presse verbreitet werden"*, usw.

Die in dem Kreis-Amtsblatte der königl. Regierung von Schwaben und Neuburg, Nr. 72 vom 27. Juli ds. Js., enthaltene Bekanntmachung wird in dem nachstehenden Abdrucke zur allgemeinen Kenntniß gebracht.

Augsburg, den 28. Juli 1866.

**Magistrat der Stadt Augsburg.**

Der I. Bürgermeister: **Fischer.**

Schmid, Sekr.

---

**Königl. Allerhöchste Verordnung,**
die Erlassung von Sicherheitsvorschriften für die gegenwärtige Kriegszeit betr.

## Ludwig II.

von Gottes Gnaden König von Bayern, Pfalzgraf bei Rhein, Herzog von Bayern, Franken und in Schwaben 2c. 2c.

Wir finden Uns bewogen, auf Grund des Artikels 120 des Strafgesetzbuches zu verordnen, was folgt:

### §. 1.

Ueber den Plan und die Richtung militärischer Operationen der Truppen Bayerns und aller auf bayerischer Seite am Kriege theilnehmender Staaten, über die Bewegung, Stärke und den Aufstellungsort dieser Truppen, über den Zustand von Befestigungs-werken, endlich über die Aufbewahrung oder den Transport von Kriegserfordernissen Bayerns und der bezeichneten Staaten dürfen

1) Nachrichten nicht in Zeitungen aufgenommen oder sonst durch die Presse verbreitet,
2) Mittheilungen in feindliche Länder oder feindlich besetzte Theile des bayerischen Staatsgebietes oder des Gebietes der auf bayerischer Seite am Kriege theilnehmenden Staaten auf mündlichem, brieflichem oder sonstigem Wege nicht gemacht,

3) ohne Ermächtigung der Höchstcommandirenden der nächst-
gelegenen Truppenabtheilung weder Nachrichten gesammelt
noch eigens gemachte Wahrnehmungen schriftlich nieder-
gelegt werden.

### §. 2.

Ausgenommen von diesem Verbote sind jene Nachrichten,
welche von Seite Bayerns oder der auf bayerischer Seite
am Kriege theilnehmenden Staaten amtlich bekannt gegeben
werden.

Bei der Weiterverbreitung solcher Nachrichten durch die
Presse muß ausdrücklich die amtliche Quelle angegeben werden,
aus welcher sie entnommen sind.

### §. 3.

Die Kreisregierungen, Kammern des Innern, sind ermäch-
tigt, bei sich ergebender besonderer Veranlassung noch weitere
Sicherheitsvorschriften auf Grund des Artikels 120 des Strafgesetzbuches zu erlassen.

### §. 4.

Gegenwärtige Verordnung tritt unter dem ausdrücklichen
Vorbehalte, daß bei Zuwiderhandlungen gegen dieselbe die bezüglich
staatsgefährlicher Handlungen bestehenden und höhere Strafen an-
drohenden strafgesetzlichen Bestimmungen je nach der Absicht des
Handelnden zur Anwendung zu kommen haben, mit dem Tage
ihrer Bekanntmachung durch das Regierungsblatt und beziehungsweise durch das Kreisamtsblatt der Pfalz in Wirksamkeit.

München, den 23. Juli 1866.

## Ludwig.

v. Bomhard.   v. Vogel.   Frhr. v. Rotberg, Generalmajor.

Auf Königlich Allerhöchsten Befehl:

der Generalsekretär,

Ministerialrath Graf v. Hundt.

---

Intelligenz-Blatt der Königl. Bayer. Stadt Augsburg,
No. 54, Sonntag 29. Juli 1866, S. 233

Wie dem auch sei, verstummten die Gerüchte
und Vorwürfe der Antisemiten gegen Obermayer bald und spielten keine Rolle mehr als
es nach dem Krieg von 1870 – Obermayer

kannte ja auch das französische und belgische Militär bestens – zur Vereinigung der deutschen Teilstaaten kam.

Dass ein Jude maßgeblich dazu beigetragen haben konnte, dass es Preußen gelang, die österreichische Vormachtstellung zu brechen und zu überwinden, wurde rasch und gern verdrängt. Im Gegenteil bemühten sich die politischen Judenhasser, die sich neudeutsch stolz als Antisemiten bezeichneten, Juden als antideutsch zu verunglimpfen. Obermayer verließ Bayern, und wohnte fortan in Wien, wo man ihm noch nicht mal übel nahm, dass er einen Verein für Anhänger des deutschen Kaisers gründete. Sein Wiener Palais beherbergt heute die Botschaft der Islamischen Republik Iran in Österreich.

**Israelitischer Kultus.**
Synagoge: Wintergasse A. 13 b.
**Rabbiner.**
Hirschfeld A., Dr., Wintergasse A. 13 b.
**Religionslehrer.**
Kohn Leopold. O. Maximilianestr. A. 13.
**Kultusgemeinde.**
Obermayer Karl, Banquier. I. Vorstand. O. Maximilianostr. A. 28.
Bachmann Sam., Großhändler. II. Vorstand. Karlsstr. D. 80.
Buttenwieser David, Privatier. Cassier. Karlsstr. D. 46.
Epstein Isaak, Wechselsensal. Sekretär. Obere Maximilianstr. A. 35.
Rosenbusch Salomon, Großhändler. Synagogen-Commissär. U. Maximilianstraße C. 7.

Augsburger Adressbuch 1866

*Die Sitzungsprotokolle des Bundestags in Augsburg*

| | | | |
|---|---|---|---|
| 36. Sitzung am | 18. | Juli | 1866 |
| 37. Sitzung am | 26. | Juli | 1866 |
| 38. Sitzung am | 2. | August | 1866 |
| 39. Sitzung am | 4. | August | 1866 |
| 40. Sitzung am | 24. | August | 1866 |

# Protokolle

der

## Deutschen Bundesversammlung

vom

Jahre 1866.

**Sitzung 1 bis 40.**

---

Frankfurt a. M. und Augsburg.
(C. Krebs-Schmitt und G. Wolf.)

# Sechs und dreißigste Sitzung.

Geschehen Augsburg, den 18. Juli 1866.

## In Gegenwart:

Von Seiten **Oesterreichs**: des Kaiserlich-Königlichen Herrn wirklichen Geheimen Raths Freiherrn von Kübeck;

Von Seiten **Bayerns**: des Königlichen Herrn Staatsraths Freiherrn von Schrenk;

Von Seiten **Sachsens**: des von dem Königlich-Sächsischen Herrn Bundestags-Gesandten von Bose substituirten Königlich-Bayerischen Herrn Bundestags-Gesandten Freiherrn von Schrenk;

Von Seiten **Hannovers**: des Königlichen Herrn Geheimen Legationsraths von Heimbruch;

Von Seiten **Württembergs**: des Königlichen Herrn Staatsministers Freiherrn von Linden;

Von Seiten **Badens**: des Großherzoglichen Herrn wirklichen Geheimen Raths von Mohl;

Von Seiten **Kurhessens**: des Kurfürstlichen Herrn Staatsraths von Meyer;

Von Seiten des **Großherzogthums Hessen**: des Großherzoglichen Herrn Geheimen Legationsraths von Biegeleben;

Von Seiten der **dreizehnten Stimme**: des substituirten Großherzoglich-Hessischen Herrn Bundestags-Gesandten von Biegeleben;

Von Seiten der **sechzehnten Stimme**: des Herrn wirklichen Geheimen Raths Freiherrn von Linde;

Von Seiten der **siebenzehnten Stimme**: des substituirten Großherzoglich-Badischen Herrn Bundestags-Gesandten von Mohl;

und meiner, des Kaiserlich-Königlich-Oesterreichischen Legationsraths und Bundes-canzlei-Directors Ritters von Dumreicher.

## §. 228.

**Substitutionen und Anwendung der im §. 10 der Geschäftsordnung enthaltenen Bestimmung wegen Substitutionsunterlassung.**

(36. Siß. §. 225 v. J. 1866.)

**Präsidium** bringt zur Kenntniß, daß der Königlich-Bayerische Herr Gesandte für den Königlich-Sächsischen, der Großherzoglich-Badische für den Herrn Gesandten der siebenzehnten Stimme und der Herr Gesandte von Großherzogthum Hessen für Braunschweig und Nassau substituirt sei, und bemerkt, daß der Königlich-Niederländische Großherzoglich-Luxemburgische Herr Gesandte weder der Bundesversammlung nach Augsburg gefolgt sei, noch eine Anzeige wegen einer Substitution dem Präsidium gemacht habe, und daß daher die im §. 10 der Geschäftsordnung enthaltene Bestimmung zur Anwendung komme.

## §. 229.

**Provisorische Verlegung des Sitzes der Bundesversammlung nach Augsburg, insbesondere Einräumung von Localitäten für dieselbe.**

**Präsidium.** Nachdem die Bundesversammlung ihren Sitz provisorisch nach Augsburg verlegt hat, sind ihr daselbst von der Königlich-Bayerischen Regierung alle für ihre Sitzungen, Canzlei und Casse, sowie auch die für die Militärcommission benöthigten Localitäten sofort in der Königlichen Residenz zur Verfügung gestellt worden.

Dieses bundesfreundliche Entgegenkommen verpflichtet die Bundesversammlung zu lebhaftem Danke, und Präsidium

b e a n t r a g t:

den Königlich-Bayerischen Herrn Gesandten zu ersuchen, diesen Dank bei der Königlichen Regierung zum Ausdruck zu bringen.

Der Präsidialantrag wurde einstimmig angenommen.

## §. 230.

**Verkauf eines Festungsgrundstückes in Neu-Ulm.**

**Der Königlich-Bayerische Herr Gesandte** erstattet im Namen des Ausschusses in Militärangelegenheiten nachstehenden Vortrag:

Mit Bericht vom 29. Mai d. J. hat die Militärcommission einen Vertrag vorgelegt, welcher vorbehaltlich der Genehmigung Seitens der hohen Bundesversammlung zwischen der Geniedirection Ulm und der Königlich-Bayerischen Kreisregierung für Schwaben und Neuburg wegen Verkaufes einer der Festung zugehörigen, auf dem rechten Donauufer zunächst dem Augsburger Thor gelegenen Grundstücksparcelle von 42₄ Decimalen unterm 1. Mai l. J. vor dem Königlichen Notar Zierhut abgeschlossen worden ist.

Die Militärcommission hat zugleich um Ertheilung der vorbehaltenen Genehmigung gebeten und zu deren Bevorwortung angeführt, daß die Festungsbehörden sich sowohl mit der Abtretung des fraglichen Terrains als auch mit dem auf demselben beabsichtigten Bau eines Polizeigerichts-Gefängnisses einverstanden erklärt haben und sie selbst gegen diesen Verkauf um so weniger eine Einwendung zu machen habe, als der auf 6,300 Gulden vereinbarte Kaufschilling nach den gemachten Erhebungen mit den laufenden Grundstückspreisen im Einklang stehe und die vom Bundesärar seiner Zeit aufgewendeten Ankaufskosten um ein Mehrfaches übersteige.

Hinsichtlich der Verwendung des zu erlösenden Kaufschillings hat die Militärcommission vorerst dessen Zuweisung an den Ulmer Zinsenfond in Vorschlag gebracht, und sich wegen der nothwendigen Abrechnung zwischen der Bundescassen-Verwaltung und der Ulmer Festungshauptcasse nach erfolgter Genehmigung des Vertrages, beziehungsweise nach Einzahlung des Kaufschillings besonderen Antrag vorbehalten.

Der Ausschuß nimmt keinen Anstand, den vorliegenden Kaufvertrag der Genehmigung hoher Versammlung zu empfehlen, nachdem hierin das Interesse des Bundesärars vollkommen gewahrt erscheint und dem Verkaufe des fraglichen Grundstückes keinerlei technische Bedenken entgegenstehen. Ebenso ist der Ausschuß mit der Zuweisung des Kaufschillings von 6,300 Gulden an den Ulmer Zinsenfond vollkommen einverstanden, und er stellt daher den

Antrag:

Hohe Bundesversammlung wolle beschließen:

1) dem hier als Beilage 1 abgedruckten, unterm 1. Mai l. J. zwischen der Geniedirection Ulm und der Königlich-Bayerischen Kreisregierung von Schwaben und Neuburg wegen Verkaufes einer der Festung zugehörigen, auf dem rechten Donauufer zunächst dem Augsburger Thor gelegenen Grundstücksparcelle abgeschlossenen Vertrag die vorbehaltene Genehmigung zu ertheilen;

2) den auf 6,300 Gulden festgestellten Kaufschilling dem Ulmer Zinsenfond zuzuweisen;

3) der Militärcommission hiervon in Erwiederung ihres Berichtes vom 29. Mai d. J. Nachricht zu geben.

Umfrage.

**Oesterreich, Bayern, Königreich Sachsen, Hannover, Württemberg, Baden, Kurhessen** und **Großherzogthum Hessen**: treten dem Antrage bei.

**Braunschweig und Nassau.** Der substituirte Gesandte enthält sich für Braunschweig der Abstimmung, für Nassau tritt er dem Antrage bei.

**Sechzehnte Stimme:** tritt bei.

**Siebenzehnte Stimme:** deßgleichen.

Der Ausschußantrag wurde hierauf zum Beschlusse erhoben.

## §. 231.

Erledigung der Inventar- und Materialrechnung über das Belagerungslazareth-Depot zu Luxemburg von 1860 bis 1865.

(4. Sitz. §. 39 v. J. 1863.)

**Der Herr Gesandte von Bayern** trägt für **den Königlich-Sächsischen Herrn Gesandten** Namens des Ausschusses in Militärangelegenheiten Folgendes vor:

Mittelst Berichts vom 6. Juni d. J. bringt die Militärcommission zur Anzeige, daß die Material- und Inventarrechnung über das Belagerungslazareth-Depot zu Luxemburg auf den Zeitraum von 1860/65 bei derselben geprüft worden sei und sich dabei weder in sachlicher noch calculatorischer Hinsicht Ausstellungen ergeben.

Die Militärcommission verbindet damit den Antrag, ihr die Ermächtigung zur Ertheilung des Erledigungsbescheides ertheilen zu wollen.

In Folge der durch die Bundesbeschlüsse vom 7. März und 17. Juni 1861 genehmigten Vereinbarungen mit der Königlich-Preußischen Regierung vom 28. Januar und 14. Mai

**Oesterreich, Bayern, Königreich Sachsen, Hannover, Württemberg, Baden, Kurhessen** und **Großherzogthum Hessen**: stimmen dem Antrage zu.

**Dreizehnte Stimme.** Für Braunschweig enthält sich der substituirte Gesandte der Abstimmung, für Nassau tritt er dem Antrage bei.

**Sechzehnte Stimme:** tritt bei.

**Siebenzehnte Stimme:** deßgleichen.

Der Antrag des Ausschusses wurde hierauf zum Beschlusse erhoben.

## §. 232.

### Provisorische Verlegung des Sitzes der Bundesversammlung nach Augsburg.

**Präsidium.** Der in der Sitzung vom 11. d. M. gefaßte eventuelle Beschluß in Betreff der provisorischen Verlegung des Sitzes der Bundesversammlung nach Augsburg ist in eine geheime Registratur aufgenommen worden. Ebenso ist die von dem Ausschusse in Militärangelegenheiten in seiner Sitzung vom 13. d. M. getroffene Entscheidung bezüglich der Ausführung dieses Beschlusses in einer Registratur enthalten.

Der in der Sitzung vom 11. d. M. erfolgten Verabredung gemäß, schlägt Präsidium vor, diese beiden Registraturen als Beilagen zum Protokolle der heutigen Sitzung abzudrucken.

**Die Bundesversammlung** erklärte sich mit diesem Präsidialvorschlage einverstanden.

410        36. Sitz. v. 18. Juli 1866, §. 232.

1861 sind, nach Inhalt des Berichts, die entsprechenden, in dem Belagerungslazareth-Depot vorhandenen Bettstücke, Handtücher und Casernengeräthe ausgeschieden und der Königlich-Preußischen Garnisonsverwaltung zur ständigen Bereithaltung und Auffrischung übergeben worden. Es hat sich dadurch der Gesammtwerth aller in obengenannter Rechnung inventarisirten und auf Bundeskosten zu unterhaltenden Gegenstände, mit Inbegriff der Medicamente, von 36,138 Gulden 29 Kr., wie in dem letzten bezüglichen Berichte der Militärcommission vom 13. Januar 1863 angegeben war, auf 22,348 Gulden 45 Kr. vermindert, wogegen der Werth der sichergestellten Unterkunftseinrichtungs-Gegenstände entsprechend erhöht ist.

Nachdem die gleiche Rechnung der letzten vorausgegangenen sechsjährigen Periode durch Bundesbeschluß vom 29. Januar 1863 §. 39 die Erledigung erhalten hat, steht der Ausschuß, dem ein Bedenken gegen den vorliegenden Antrag der Militärcommission nicht beigeht, nicht an, sich dafür auszusprechen:

Hohe Bundesversammlung wolle die Militärcommission auf ihren Bericht vom 6. Juni d. J. ermächtigen, wegen der Rechnung des Belagerungslazareth-Depots der Bundesfestung Luxemburg für die Jahre 1860/65 den Erledigungsbescheid zu ertheilen.

### Umfrage.

**Oesterreich, Bayern, Königreich Sachsen, Hannover, Württemberg, Baden, Kurhessen** und **Großherzogthum Hessen**: stimmen dem Antrage zu.

**Dreizehnte Stimme.** Für Braunschweig enthält sich der substituirte Gesandte der Abstimmung, für Nassau tritt er dem Antrage bei.

**Sechzehnte Stimme:** tritt bei.

**Siebenzehnte Stimme:** deßgleichen.

Der Antrag des Ausschusses wurde hierauf zum Beschlusse erhoben.

### §. 232.

**Proviſoriſche Verlegung des Sitzes der Bundesverſammlung nach Augsburg.**

**Präſidium.** Der in der Sitzung vom 11. d. M. gefaßte eventuelle Beſchluß in Betreff der proviſoriſchen Verlegung des Sitzes der Bundesverſammlung nach Augsburg iſt in eine geheime Regiſtratur aufgenommen worden. Ebenſo iſt die von dem Ausſchuſſe in Militärangelegenheiten in ſeiner Sitzung vom 13. d. M. getroffene Entſcheidung bezüglich der Ausführung dieſes Beſchluſſes in einer Regiſtratur enthalten.

Der in der Sitzung vom 11. d. M. erfolgten Verabredung gemäß, ſchlägt Präſidium vor, dieſe beiden Regiſtraturen als Beilagen zum Protokolle der heutigen Sitzung abzudrucken.

**Die Bundesverſammlung** erklärte ſich mit dieſem Präſidialvorſchlage einverſtanden.

Die beiden Regiſtraturen ſind dieſem Protokolle als Beilagen 2 und 3 angefügt.

| | |
|---|---|
| **Kübeck.** | **Mohl.** |
| **Schrenk.** | **Meyer.** |
| **Heimbruch.** | **Biegeleben.** |
| **Linden.** | **Linde.** |

# Beilagen 1 bis 3
zu dem Protokoll der 36. Sitzung der deutschen Bundesversammlung
vom 18. Juli 1866.

---

## Beilage 1.
(zu §. 280.)

---

### Vertrag
zwischen der Geniedirection der Bundesfestung Ulm und der Königlich-Bayerischen
Kreisregierung von Schwaben und Neuburg wegen Verkaufes einer der Festung zugehörigen Grundstücksparcelle.

Heute den ersten Mai Eintausend acht Hundert sechsundsechzig sind vor mir, Georg
Zierhut, Königlicher Notar in Neuulm, auf meiner Amtsstube erschienen: .

# Beilagen 1 bis 3

### zu dem Protokoll der 36. Sitzung der deutschen Bundesversammlung vom 18. Juli 1866.

---

## Beilage 1.

(zu §. 230.)

---

### Vertrag

zwischen der Geniedirection der Bundesfestung Ulm und der Königlich-Bayerischen Kreisregierung von Schwaben und Neuburg wegen Verkaufes einer der Festung zugehörigen Grundstücksparcelle.

---

Heute den ersten Mai Eintausend acht Hundert sechsundsechzig sind vor mir, Georg Zierhut, Königlicher Notar in Neuulm, auf meiner Amtsstube erschienen: .

1) Herr Hauptmann Güthner vom Königlich-Bayerischen Geniestab, als Abgeordneter des Durchlauchtigsten Deutschen Bundes, als welcher er sich durch Uebergabe eines speciellen, Commissoriums legitimirt.

2) Herr Baubeamter Krafft von Günzburg, im Namen des Königlichen Staatsärars welcher Entschließung der Königlichen Regierung von Schwaben und Neuburg vom 1. März und 18. April heurigen Jahres im Betreff der Erbauung eines Polizeigerichts-Gefängnisses des Königlichen Landgerichts Neuulm Num. 15112 und 18925 producirt, inhaltlich deren nachbezeichneter Kaufvertrag genehmigt und Herr Comparent zur Vornahme der Verlautbarung desselben angewiesen ist, beide mir persönlich bekannt, und haben mich ersucht, nachstehenden Kaufvertrag zu beurkunden.

I.

Der Durchlauchtigste Deutsche Bund verkauft gemäß rentamtlichen Anmeldcertificats vom 21. vorigen Monats den in der Steuergemeinde Neuulm, Polizeibezirks gleichen Namens, Rentamtsbezirks Günzburg gelegenen Bauplatz Num. 180½ zu zweiundvierzig Decimalen (von Num. 180b gemäß Ummeßtabelle Num. IV. pro März 1866 weggemessen) an das Königlich-Bayerische Staatsärar um die vereinbarte Summe von 6300 Gulden, sechstausend dreihundert Gulden.

II.

Der Kaufschilling wird bezahlt, sobald die Genehmigung des Vertrages von Seiten des hohen Deutschen Bundes eingetroffen sein wird.

Dabei wird bemerkt, daß die verkaufte Fläche nur nach vorbezeichnetem Maß bezahlt wird, nämlich 150 fl. einhundertfünfzig Gulden für die Decimale, obwohl selbe nach vorbemerkter Ummeßtabelle 42,4 Decimal mißt.

### III.

Das Vertragsobject wird hypotheken- und lastenfrei übergeben.

### IV.

Die Kosten der Vertragsverlautbarung, Vermessung, Vormerkung und sonstige durch den Kauf erwachsende Ueberkosten trägt der Käufer allein.

### V.

Die Erschienenen beantragen, daß von vorstehendem Vertrag, tax- und stempelfrei, dem Königlichen Aerar Hauptausfertigung und dem hohen Deutschen Bund beglaubigte Abschrift ertheilt werde.

Hierüber ist gegenwärtige Urkunde aufgenommen und zur Bestätigung auf Selbstlesen von den Erschienenen und von mir dem Notar unterschrieben worden.

**Güthner,** Hauptmann.
**Krafft,** Königlicher Baubeamte.
**Zierhut,** Königlicher Notar.

**Beilage 2.**

(zu §. 232.)

# Registratur,

aufgenommen in der vertraulichen Sitzung der deutschen Bundesversammlung
**vom 11. Juli 1866.**

----

Provisorische Verlegung des Sitzes der Bundesversammlung nach Augsburg im Falle
der Gefährdung der Sicherheit Frankfurts.

**Präsidium.** Bei den Bewegungen der feindlichen Truppen kann plötzlich der Fall
eintreten, daß Frankfurt der Bundesversammlung nicht jene Sicherheit darbietet, welche zu
ungestörten Berathungen nothwendig ist.

Da es in den gegenwärtigen Verhältnissen höchst wichtig ist, daß die hohe Versammlung in keiner Weise in ihrer Thätigkeit gehemmt und so viel als möglich der freie Verkehr
mit den bundestreuen Regierungen gewahrt bleibe, erscheint es angemessen, in Erwägung
zu ziehen und im Voraus zu bestimmen, daß eintretenden Falles die Bundesversammlung
zeitweilig ihren Sitz in eine mehr südlich gelegene Stadt zu verlegen habe. Augsburg
dürfte wegen seiner geographischen Lage sich zum provisorischen Sitze der Bundesversammlung eignen.

Sobald der Ausschuß in Militärangelegenheiten den Zeitpunkt hiezu für eingetreten
erachten würde, hätte Präsidium davon sämmtliche Herren Bundestags-Gesandten zu benachrichtigen und dem bei dem Deutschen Bunde accreditirten diplomatischen Corps von der
provisorischen Verlegung des Sitzes der Bundesversammlung nach Augsburg Kenntniß zu
geben und dasselbe einzuladen, ihr dahin zu folgen. Zugleich wären auch die verschiedenen
Oberbefehlshaber von diesen provisorischen Maßnahmen zu benachrichtigen.

Selbstverständlich ist es, daß die Militärcommission die Bundesversammlung zu begleiten hätte.

Hinsichtlich der Bundes-Canzlei-, Cassen- und Rechnungsbeamten, sowie der Canzleidiener
dürfte es dem Präsidium zu überlassen sein, diejenigen zu bestimmen, welche sich nach
Augsburg zu verfügen haben.

Eine gleiche Bestimmung wäre bezüglich der Beamten der Bundes-Militärcommission
Seitens ihres Präsidirenden zu treffen.

Präsidium beantragt demnach:

Hohe Bundesversammlung wolle für den Fall, daß der Ausschuß in Militärangelegenheiten die Freiheit der Berathungen der Bundesversammlung in Frankfurt
nicht mehr für gesichert erachten würde, beschließen:

1) ihren Sitz provisorisch nach Augsburg zu verlegen und das bei dem Deutschen
   Bunde accreditirte diplomatische Corps einzuladen, ihr dahin zu folgen;

2) Präsidium zu ermächtigen, den bei dem Deutschen Bunde accreditirten Vertretern fremder Mächte, sowie den verschiedenen Oberbefehlshabern von diesem Beschlusse eintretenden Falles Mittheilung zu machen, hinsichtlich der Ausführung desselben alle nothwendigen Einleitungen, Vorkehrungen und Anordnungen zu treffen und namentlich auch diejenigen Bundesbeamten und Canzleidiener zu bestimmen, welche sich nach Augsburg zu verfügen haben;

3) der Militärcommission den gefaßten Beschluß mit dem Anfügen zu eröffnen, daß sie der Bundesversammlung nach Augsburg zu folgen habe, und daß dem Präsidirenden der Militärcommission anheimgegeben wird, diejenigen ihrer Beamten zu bestimmen, welche sie dahin zu begleiten haben.

### Umfrage.

**Oesterreich, Bayern, Königreich Sachsen, Hannover, Württemberg, Baden, Kurhessen** und **Großherzogthum Hessen:** treten dem Präsidialantrage bei.

**Niederlande wegen Luxemburg und Limburg.** Der Gesandte enthält sich der Abstimmung.

**Braunschweig und Nassau.** Der substituirte Gesandte enthält sich für Braunschweig der Abstimmung, für Nassau tritt er dem Antrage des Präsidiums bei.

**Die übrigen Herren Gesandten** stimmten dem Präsidialantrage zu.

Derselbe wurde hierauf zum Beschlusse erhoben.

**Präsidium** legte sodann noch den Entwurf einer von ihm Namens der hohen Bundesversammlung bei ihrem Scheiden von Frankfurt an den älteren Bürgermeister dieser freien Stadt Herrn Senator Fellner zu richtenden Note vor, welcher folgendermaßen lautet:

Die Bewegungen der feindlichen Truppen legen der Bundesversammlung die Pflicht auf, für die Freiheit ihrer Berathungen und den ungestörten Verkehr der Bundestags-Gesandten mit ihren Regierungen Sorge zu tragen. Aus dem Ernste der Zeiten erwachsen der Bundesversammlung neue, schwere Obliegenheiten, die sie zu erfüllen fest entschlossen ist, und dieselbe glaubt es den im gemeinsamen Kampfe für Deutschlands Recht und Freiheit zusammenstehenden Regierungen und Völkern gleichmäßig schuldig zu sein, die oberste Bundesbehörde in freier Thätigkeit zu erhalten, da sie die Unauflöslichkeit des Nationalbandes und die Zusammengehörigkeit aller deutschen Länder in gesetzlicher Form vertritt.

Sie hat daher beschlossen, ihren Sitz provisorisch nach Augsburg zu verlegen und das beim Deutschen Bunde beglaubigte diplomatische Corps einzuladen, ihr zu folgen.

Indem sie Frankfurt zeitweilig verläßt, spricht sie ihre lebhafte Anerkennung der vaterlandstreuen Gesinnungen aus, welche diese freie Stadt durch manchen Wechsel der deutschen Geschicke unverändert bethätigt hat. Diese Gesinnungen wird Frankfurt bei seinem regen Gefühle für Deutschlands Größe und Freiheit auch ferner bewahren.

Die in dieser Versammlung vertretenen bundestreuen Regierungen werden fest und ungebeugt zur Sache des Vaterlandes und des Rechtes gegen Sonderbund und Vergewaltigung stehen, und die Bundesversammlung darf daher im Vertrauen auf den endlichen Sieg der guten Sache die Hoffnung aussprechen, daß in den Mauern dieser an Erinnerungen deutscher Größe reichen Stadt sich die Vertreter der Fürsten und Völker zusammenfinden werden, um Deutschlands Macht und Freiheit dauernd zu begründen.

Der unterzeichnete Kaiserlich-Königlich-Oesterreichische Bundes-Präsidialgesandte hat die Ehre, im Namen der hohen Bundesversammlung Vorstehendes zur Kenntniß Seiner Hochwohlgeboren des älteren regierenden Bürgermeisters Herrn Senators Fellner zu bringen und ergreift zugleich diesen Anlaß zur erneuerten Versicherung seiner ausgezeichnetsten Hochachtung.

**Die Bundesversammlung** erklärte sich mit diesem Entwurfe einverstanden.

**Kübeck.**
**Schrenk**
**Bose.**
**Heimbruch.**
**Linden.**
**Mohl.**
**Meyer.**
**Biegeleben**
**Scherff.**
**Linde.**
**Müller.**

**Beilage 3.**
(zu §. 292.)

# Registratur,

aufgenommen in der Sitzung des Ausschusses in Militärangelegenheiten

**vom 13. Juli 1866.**

Provisorische Verlegung der Bundesversammlung nach Augsburg.

**Der Kaiserlich-Oesterreichische Präsidialgesandte** äußerte: es sei ihm von Seiner Großherzoglichen Hoheit dem Prinzen Alexander von Hessen, Commandanten des achten Armeecorps, heute eröffnet worden, daß in Folge der militärischen Operationen die unter seinem Befehle stehenden Truppen aus hiesiger Gegend sofort abzurücken haben und Seine Großherzogliche Hoheit unter diesen Umständen nicht für die Sicherheit der Bundesversammlung in Frankfurt und für den freien Verkehr mit den Bundesregierungen einstehen könne. Es dürfte demnach der Zeitpunkt gekommen sein, den in der Sitzung vom 11. d. M. gefaßten Beschluß in Ausführung zu bringen und den Sitz der Bundesversammlung provisorisch nach Augsburg zu verlegen.

**Sämmtliche Ausschußmitglieder** pflichteten dieser Ansicht bei, und es wurde einstimmig

beschlossen:

sofort das Erforderliche wegen provisorischer Verlegung des Sitzes der Bundesversammlung einzuleiten.

**Kübeck. Schrenk. Bose. Heimbruch. Linden. Biegeleben.**

# Sieben und dreißigste Sitzung.

Geschehen Augsburg, den 26. Juli 1866.

## In Gegenwart:

Von Seiten **Oesterreichs**: des Kaiserlich-Königlichen Herrn wirklichen Geheimen Raths Freiherrn von Kübeck;

Von Seiten **Bayerns**: des Königlichen Herrn Staatsraths Freiherrn von Schrenk;

Von Seiten **Sachsens**: des Königlichen Herrn Geheimen Raths von Bose;

Von Seiten **Hannovers**: des Königlichen Herrn Geheimen Legationsraths von Heimbruch;

Von Seiten **Württembergs**: des Königlichen Herrn Staatsministers Freiherrn von Linden;

Von Seiten **Badens**: des von dem Großherzoglich-Badischen Herrn Bundestags-Gesandten von Mohl substituirten Königlich-Sächsischen Herrn Bundestags-Gesandten von Bose;

Von Seiten der **zwölften Stimme**: des Herzoglich-Sachsen-Meiningen'schen Herrn Bundestags-Gesandten Freiherrn von Beaulieu-Marconnay;

Von Seiten der **dreizehnten Stimme**: des Herzoglich-Nassauischen Herrn Staatsministers Prinzen zu Sayn-Wittgenstein-Berleburg;

Von Seiten der **sechzehnten Stimme**: des von dem Herrn Bundestags-Gesandten der sechzehnten Stimme Freiherrn von Linde substituirten Großherzoglich-Hessischen Herrn Bundestags-Gesandten von Biegeleben;

Von Seiten der **siebenzehnten Stimme**: des substituirten Königlich-Sächsischen Herrn Bundestags-Gesandten von Bose;

und meiner, des Kaiserlich-Königlich-Oesterreichischen Legationsraths und Bundescanzlei-Directors Ritters von Dumreicher.

## §. 233.

### Substitutionen.

**Präsidium** zeigt an, daß der Großherzoglich-Badische Herr Gesandte den Königlich-Sächsischen Herrn Gesandten für die von ihm geführten Stimmen und der Herr Gesandte der sechzehnten Stimme den Großherzoglich-Hessischen Herrn Gesandten substituirt habe.

## §. 234.

### Legitimation des Herrn Staatsministers Prinzen zu Sayn-Wittgenstein-Berleburg als Herzoglich-Nassauischen Bundestags-Gesandten.

(35. Sitz. §. 308 v. J. 1862.)

**Präsidium** bringt zur Kenntniß, daß Seine Hoheit der Herzog zu Nassau Höchstihrem Staatsminister Prinzen zu Sayn-Wittgenstein-Berleburg die Functionen eines Herzoglichen Gesandten bei der Deutschen Bundesversammlung übertragen und daß ihm letzterer die bezügliche Vollmacht, d. d. Biebrich, den 8. Juli 1866, überreicht habe.

Nachdem dieselbe verlesen worden war, wurde

### beschlossen:

die Herzogliche Vollmacht im Bundesarchive aufzubewahren und dem Herrn Gesandten beglaubigte Abschrift davon zuzustellen.

## §. 235.

### Antwortnote des Senates der freien Stadt Frankfurt bezüglich der provisorischen Verlegung des Sitzes der Bundesversammlung nach Augsburg, und gewaltthätiges Verfahren der Königlich-Preußischen Regierung gegen die freie Stadt Frankfurt.

(36. Sitz. Beil. 2 v. J. 1866.)

**Präsidium** legt ein in Folge der gestörten Postverbindungen erst am 18. d. M. Nachmittags hier eingegangenes Erwiederungsschreiben des älteren Bürgermeisters der freien Stadt Frankfurt, Herrn Senators Fellner, vom 14. d. M. auf die diesseitige Namens der hohen Bundesversammlung an letzteren gerichtete Note vom 13. d. M. vor. Dasselbe lautet folgendermaßen:

„Der unterzeichnete ältere Bürgermeister der freien Stadt Frankfurt hat die geschätzte Note vom Gestrigen zu erhalten die Ehre gehabt, durch welche Seine Excellenz der Kaiserlich-Königlich-Oesterreichische wirkliche Geheime Rath, bevollmächtigte Minister und Präsidial-Gesandte am Deutschen Bundestage Herr Freiherr von Kübeck ihm die durch die beklagenswerthen Zeitumstände gebotene provisorische Verlegung hoher deutscher durch die beklagenswerthen Zeitumstände gebotene provisorische Verlegung hoher deutscher Bundesversammlung von hier nach Augsburg anzeigt. Er hat sich beeilt, den Inhalt dieser Note zur Kenntniß des Senates zu bringen.

Indem der Unterzeichnete dieses Seiner Excellenz pflichtschuldigst mittheilt, fühlt er sich gedrungen, Seiner Excellenz für die dabei kundgegebenen wohlwollenden Gesinnungen gegen hiesige freie Stadt seinen tiefgefühltesten Dank auszusprechen und benutzt zugleich diesen Anlaß zur erneuerten Versicherung seiner ausgezeichnetsten Hochachtung.“

Nachdem **Präsidium** hierauf das gewaltthätige Verfahren der Königlich-Preussischen Regierung gegen die freie Stadt Frankfurt zur Sprache gebracht hatte, erfolgte nachstehender einhelliger

Beschluß:

Die seither von den Preussischen Militärautoritäten notorisch in Frankfurt verübten Gewaltacte, insbesondere die Suspendirung des Senates, Auferlegung exorbitanter Contributionen u. s. w., veranlassen die Bundesverfammlung, unter Ausdruck ihrer lebhaften Theilnahme, hiergegen entschiedene Verwahrung in ihr Protokoll niederzulegen und zugleich dieses völkerrechtswidrige Vorgehen gegen eine friedliche und offene freie Stadt dem Urtheile der gesammten civilisirten Welt anheimzugeben.

Es wurde ferner

beschlossen:

von der eben erfolgten verwahrenden Erklärung den bei dem Deutschen Bunde beglaubigten Gesandten Mittheilung zu machen.

## §. 236.

Erklärung des Kriegszustandes für die Bundesfestungen Ulm und Rastatt, sowie des Belagerungszustandes für die Bundesfestung Mainz.

**Präsidium** eröffnet, daß laut Anzeigen der betreffenden Militärbehörden die Bundesfestungen Ulm und Rastatt in Kriegszustand und die Bundesfestung Mainz in Belagerungszustand erklärt worden seien.

## §. 237.

Besetzung und Verwaltung der Hohenzollern'schen Fürstenthümer im Namen des Deutschen Bundes.

(20. Sitz. S. B. §. 43 v. J. 1866.)

**Württemberg.** Dem Königlichen Gesandten ist nun, nachdem er schon früher dießfalls eine vertrauliche Anzeige erstattet hat, ein Bericht des mit der Besetzung und Verwaltung der Hohenzollern'schen Fürstenthümer beauftragten Königlichen Commissärs zugekommen, woraus er, erhaltenem Auftrage gemäß folgende Mittheilung zu machen sich beehrt.

Vor allem hat er zu bemerken, daß die Bevölkerung nirgends Widerstand geleistet hat, vielmehr sich fast überall eine der Besetzung günstige Stimmung kund gab, aus welcher zu entnehmen war, daß die Bewohner, wenigstens in ihrer überwiegenden Mehrzahl, schon länger eine derartige Besetzung, namentlich wegen der befürchteten weitern Einberufung von Reservisten, wünschten.

werden; der Vorstand des Amtes in Gamertingen verstand sich zu Versprechungen, unter welchen ihm die Fortführung des Amtes gestattet werden konnte; ebenso die Secretäre des Oberamtes Hechingen und des Amtes Gamertingen. Von den Gemeindevorstehern hatten sich etwa 30 zu solchen Verpflichtungen herbeigelassen, daß ihnen die Fortführung ihrer amtlichen Verrichtungen gestattet werden konnte.

Die höheren Regierungsbeamten waren vorerst zu suspendiren, und wurden theilweise zum Wegzug veranlaßt, indessen nach der Versicherung des Regierungscommissärs in der schonendsten Weise. Da sie sich zu den erforderlichen Erklärungen wenigstens anfänglich nicht herbeiließen, so übernahmen Württembergische Beamte einstweilen die Besorgung der dringendsten Geschäfte, damit störende Unterbrechungen vermieden würden.

Die höheren richterlichen Beamten blieben zunächst in ihren Functionen, und es wurde mit ihnen über die Modalitäten, unter welchen sie ihr Amt fortzuführen hätten, Verständigung eingeleitet, welche zu einem befriedigenden Ergebniß führte.

Die Preußische Regierung hatte auch wenige Tage vor dem Eintreffen des diesseitigen Königlichen Commissärs die Anordnung getroffen, bis auf Weiteres keine Steuern mehr zu erheben; der Bezug derselben wurde wieder in Gang gebracht, und für deren regelmäßige Ablieferung und Verrechnung gesorgt. Auf die Vorräthe der Saline Stetten wurde Beschlag gelegt und die geeigneten Anordnungen für ihre Bewachung und Erhaltung getroffen.

In gleicher Weise wurde hinsichtlich der vorgefundenen Militäreffecten verfahren.

Die Königlich-Württembergische Regierung hat die Verständigung, welche der Königliche Commissär mit einem Theil der Hohenzollern'schen Beamten getroffen, nicht nur gebilligt, sondern demselben überdieß anheimgegeben, den suspendirten und zur Entfernung aus dem Fürstenthum veranlaßten Beamten die Rückkehr dahin und, je nach Beschaffenheit ihrer Functionen, deren Wiederübernahme unter der Voraussetzung einer ähnlichen befriedigenden Erklärung über ihr Verhältniß zu der bestehenden Regierungsgewalt zu gestatten.

Daß keinerlei Unordnung zu besorgen war, geht schon daraus hervor, daß der Königliche Commissär kurze Zeit nach dem Einmarsch einen Theil der Truppen zurücksendete; die Königliche Regierung erachtet die Anwesenheit einer geringen Anzahl von Truppen für vollkommen genügend, muß sich aber vorbehalten, auf diesen Punkt zurückzukommen, wenn die Lage der Bundesfestung Ulm, deren Besatzung zu Gunsten von Mainz in außergewöhnlicher Weise in Anspruch genommen wurde, die Rückkehr der aus derselben entnommenen Occupationstruppen für die Fürstenthümer dahin als nothwendig erscheinen lassen sollte, um alsdann andere Bundestruppen für den vorliegenden Zweck zu erhalten.

Aus gegenwärtiger Mittheilung wird hervorgehen, daß die Königlich-Württembergische Regierung den erhaltenen Auftrag bestens zu vollziehen bemüht war, und zugleich gestrebt hat, die mit dem Zwecke vereinbaren schonenden Rücksichten, soweit immer es von ihr abhing, eintreten zu

laffen, so daß der Königliche Gesandte hoffen darf, von hoher Bundesversammlung diese Mittheilung als eine befriedigende anerkannt zu sehen.

**Die Bundesversammlung** nahm diesen Bericht zur Kenntniß.

## §. 238.

Bundesgarnison in Mainz, insbesondere Entlassung des Herzoglich-Sachsen-Meiningen'schen Bundescontingents aus der Festung.

**Zwölfte Stimme für Sachsen-Meiningen.** Der Gesandte ist von seiner Regierung angewiesen, den Antrag zu stellen, es möge hoher Bundesversammlung gefallen, anzuordnen, daß das Sachsen-Meiningen'sche Contingent, welches dermalen zur Besatzung von Mainz gehört, jetzt, wo die Voraussetzung, unter welcher dasselbe dorthin entsendet wurde, hinfällig geworden, aus der Festung entlassen werde, damit es dem Befehle Seiner Hoheit des Herzogs, in seine Garnison zurückzukehren, Folge leisten könne.

**Präsidium** bemerkt, daß der Ausschuß in Militärangelegenheiten bereits mit Erörterung dieser Angelegenheit beschäftigt sei, und beantragt daher, den eben vernommenen Antrag an diesen Ausschuß zu überweisen.

Der Präsidialantrag wurde genehmigt.

## §. 239.

Vergütungen für die Beamten und Diener des Bundes während ihres Aufenthaltes in Augsburg.

**Präsidium** beehrt sich, im Einvernehmen mit dem Ausschusse für das Bundescassen- und Finanzwesen, der hohen Bundesversammlung bezüglich der den Bundesbeamten und Bundesbediensteten während ihres Aufenthaltes in Augsburg zu gewährenden Vergütung das Nachstehende vorzutragen.

Daß denjenigen Beamten und Bediensteten des Bundes, welche durch provisorische Verlegung des Sitzes der hohen Bundesversammlung nach Augsburg in dieser Stadt ihren Aufenthalt zu nehmen genöthigt sind, während der Dauer desselben neben ihren Gehaltsbezügen noch eine besondere Vergütung geleistet werde, dürfte in der Billigkeit begründet erscheinen. Es wird jedoch von eigentlichen Tagesdiäten Umgang zu nehmen sein und an deren Stelle ein Wochenpauschale zu treten haben.

Dieses Pauschale wäre mit Rücksicht auf den ungefähren wirklichen Aufwand nach Procentsätzen der einzelnen wöchentlichen Gehaltsbezüge zu bemessen, welche sich nach den höchsten und niedrigsten Sätzen zwischen $\frac{1}{4}$ und $1\frac{3}{4}$ Procent bewegen und worüber das Nähere aus der anliegenden Berechnung*) ersichtlich ist.

Präsidium beehrt sich hiernach zu

beantragen:

Hohe Bundesversammlung wolle

1) die als Vergütung für die Beamten und Diener des Bundes vorgeschlagenen Wochenpauschalien nach Maßgabe der beiliegenden Berechnung genehmigen;

2) die Bundescanzlei-Direction beauftragen, die betreffenden Beamten und Diener davon in Kenntniß zu setzen;

3) der Militärcommission, unter Mittheilung eines Auszuges aus der Berechnung, bezüglich der bei derselben angestellten Beamten rc. rc. davon Nachricht geben, und

4) die Bundescassen-Verwaltung, unter Mittheilung der Berechnung, mit der Auszahlung der Pauschalbeträge aus der Bundes-Matrikularcasse beauftragen.

Der Antrag des Präsidiums wurde einstimmig angenommen.

---

*) M. s. die Beilage zu diesem Protokoll.
Prot. d. B. V. 1866.

## §. 240.

### Erledigung der Rechnungen der Bundesfestung Rastatt vom Jahre 1863.
(2. Sitz. S. P. §. 4. v. J. 1865.)

**Der Königlich-Sächsische Herr Gesandte** trägt Namens des Ausschusses in Militärangelegenheiten Nachstehendes vor:

Gleichwie die Rechnungen der übrigen Dienstzweige der Bundesfestung Rastatt, so wurde auch die Rechnung der Geniedirection vom Jahre 1863 bei der Militärcommission in der Sache und bei der Kaiserlich-Königlich-Oesterreichischen Militär-Central-Buchhaltung als obersten Rechnungs- und Superrevisionsbehörde in der Zahl geprüft, und hat die Militärcommission dieselbe jetzt mittelst Berichts vom 23. v. M. unter dem Bemerken vorgelegt, daß, nach erfolgter Erledigung der dazu gezogenen Erinnerungen, kein Bedenken weiter dagegen obwalte.

Eine Uebersicht der Einnahmen und Ausgaben dieser Rechnung ist hoher Bundesversammlung bereits früher vorgelegt worden, und findet sich in der Beilage zu §. 54 des Sep. Prot. des Jahres 1865 — 31. Sitzung vom 21. December S. 502ss. — abgedruckt. Die gleiche Rechnung des Jahres 1862 hat durch Bundesbeschluß vom 12. Januar 1865 — Sep. Prot. §. 4 — ihre Erledigung gefunden.

Unter diesen Umständen, steht der berichterstattende Ausschuß nicht an, in Gemäßheit des Antrages der Militärcommission hoher Bundesversammlung vorzuschlagen:

die Militärcommission auf ihren Bericht vom 23. v. M. zu ermächtigen, über die Rechnung der Geniedirection der Bundesfestung Rastatt vom Jahre 1863 den Erledigungsbescheid zu ertheilen.

**Sämmtliche Herren Gesandten** — mit Ausnahme jenes **der zwölften Stimme,** welcher sich der Abstimmung enthielt, — traten dem Antrage bei, worauf derselbe zum Beschlusse erhoben wurde.

## §. 241.

### Kostenliquidation der Execution in Holstein und Lauenburg.
(31. Sitz. §. 217 v. J. 1865.)

**Der Großherzoglich-Hessische Herr Gesandte** erstattet Namens des Ausschusses in Militärangelegenheiten nachstehenden Vortrag:

Mittelst Berichtes vom 18. April d. J. hat die Militärcommission angezeigt, daß die Liquidationsabtheilung für das Rechnungswesen der Execution in Holstein und Lauenburg mit dem Ende des genannten Monats ihre Arbeiten zum Abschluß bringen und den im §. 64 des Verpflegsreglements für das deutsche Bundesheer vorgesehenen Schlußbericht vorlegen werde. Die Militärcommission knüpfte daran den Antrag, daß die durch den Bundesbeschluß vom 8. September 1864 einberufene Liquidationsabtheilung nach der demnächst zu gewärtigenden Uebergabe der Schlußberichte unter dankender Anerkennung ihrer — insbesondere auch für die vorbehaltene Revision des Bundesheer-Verpflegsreglements — sehr ersprießlichen Thätigkeit aufgelöst und die Militärcommission mit dem Vollzuge dieser Maßregel beauftragt werden möge. Zugleich benützte die Militärcommission diesen Anlaß, den Oberkriegscommissär Habermaas, welcher die ihm übertragene Leitung des Liquidationsgeschäftes neben seinen laufenden Geschäften mit anerkennenswerthem, erfolgreichem Eifer besorgt und seine gründlichen Fachkenntnisse dabei erneuert bewährt habe, einer besonderen Anerkennung zu empfehlen.

In einem weiteren Berichte vom gleichen Datum zeigte die Militärcommission sodann noch an, daß — nachdem der Schluß des Liquidationsgeschäftes sich um etwas länger verzögert habe, als durch den Bundesbeschluß vom 21. December 1865 in Aussicht genommen war — die Miethe des von der Liquidationsabtheilung benutzten Arbeitslocales noch um einen weiteren Monat unter Beibehaltung des bisherigen Miethzinses habe verlängert werden müssen, und sie beantragte daher, daß die Bundescassen-Verwaltung angewiesen werden möge, dem Apotheker Blum in Frankfurt für das im Monat April noch beibehaltene erwähnte Arbeitslocal die Rate von 83 Gulden 20 Kreuzer auszuzahlen. Endlich macht die Militärcommission darauf aufmerksam, daß die vier Canzleidiener Obermayer, Himmel, Reichard und Gasche während 18 Monaten neben ihrem gewöhnlichen Dienste die Reinigung des Liquidationsbureaus und die Bedienung zu besorgen hatten, sowie daß der Einheizer Michel während zweier Winter das nöthige Heizmaterial in das fragliche Local verbringen mußte, woran der Antrag geknüpft wurde, es möge diesen fünf Dienern für ihre dießfälligen außerordentlichen Bemühungen eine Vergütung von je 50 Gulden, also zusammen von 250 Gulden, aus dem Executionsfond gewährt werden.

Der Ausschuß erwiderte auf diese Berichte mittelst zweier Schreiben vom 30. April und 1. Mai d. J., daß unter den gemeldeten Umständen gegen die vorläufige Auflösung der Liquidationsabtheilung unter dem Vorbehalte einer eventuellen Wiederzusammenberufung für den Fall, daß etwa wider Erwarten deren Thätigkeit noch einmal nöthig werden sollte, nichts zu erinnern habe und demgemäß der Militärcommission die entsprechende Verfügung anheimgebe. Hinsichtlich der angeregten Anerkennung der ersprießlichen Thätigkeit der Liquidationsabtheilung und insbesondere der speciellen Verdienste des Oberkriegscommissärs Habermaas, sowie in Betreff der beantragten Remunerationen für das niedere Canzleipersonal, antwortete der Ausschuß, daß er gelegentlich des Vortrages, den er demnächst nach Eingang der Schlußberichte über die Beendigung des gesammten Liquidationsgeschäftes der Bundesversammlung zu erstatten haben werde, nicht ermangeln wolle, auch in dieser Beziehung entsprechende Anträge zu stellen. Endlich konnte der Ausschuß, vorbehaltlich der nachträglich einzuholenden Genehmigung der hohen Bundesversammlung, keinen Anstand nehmen, die Bundescassen-Verwaltung zur einstweiligen Auszahlung der Rate von 83 Gulden 20 Kr. an den Apotheker Blum als Miethe für das im Monat April d. J. noch beibehaltene Arbeitslocal der Liquidationsabtheilung anzuweisen.

Unter dem 11. Mai erstattete hierauf die Militärcommission die Anzeige, daß die Liquidationsabtheilung nunmehr ihre Schlußberichte übergeben habe, und daß demzufolge deren vorläufige Auflösung an dem genannten Tage ausgesprochen worden sei. Zugleich behielt sich die Militärcommission vor, über das Liquidationsgeschäft selbst dann besondere Vorlage zu machen, wenn die zur Zeit noch rückständige Erklärung der Königlich-Hannöverischen Regierung auf die Schlußprotokolle über die Hannöverischen Liquidationen eingegangen sein würden.

Wiewohl nun diese rückständige Erklärung der Königlich-Hannöverischen Regierung aus naheliegenden Gründen noch nicht eingelaufen ist, so hat sich doch die Militärcommission unter dem 13. Juli veranlaßt gesehen, den vom 7. Mai datirten Schlußbericht der Liquidationsabtheilung nunmehr in Vorlage zu bringen und zugleich um Entscheidung über die bereits in den obenerwähnten Berichten vom 18. April gestellten noch unerledigten Anträge zu bitten.

Der Ausschuß unterläßt es, auf den Inhalt des Schlußberichtes der Liquidations-abtheilung und des begleitenden Berichtes der Militärcommission irgendwie näher einzu-gehen, da es unzweifelhaft zu Tage liegt, daß eine definitive Erledigung des fraglichen Liquidationsgeschäftes unter den gegenwärtigen politischen Verhältnissen völlig unthunlich ist. Aber gerade weil zur Zeit nicht abzusehen ist, wann eine solche definitive Erledigung sich ermöglichen lassen werde, erscheint es geboten, die in den Berichten der Militärcommission vom 18. April d. J. gestellten Anträge, insoweit sie von dem eigentlichen Liquidations-geschäft unabhängig sind, nunmehr einer besonderen Behandlung und Beschlußfassung zu unterziehen.

Was zunächst die angeregte besondere Anerkennung der Verdienste des Oberkriegs-commissärs Habermaas betrifft, welchen Verdiensten die Militärcommission ein so ehrendes Lob gespendet hat, so läßt sich nicht verkennen, daß die von diesem Beamten in der fraglichen Angelegenheit übernommenen Arbeiten über seinen regelmäßigen Geschäftskreis weit hin aus gehen. Es erscheint daher dem Ausschusse in der That angemessen, dieser außergewöhnlichen und verdienstlichen Thätigkeit des Oberkriegscommissärs Habermaas eine besondere ehrende An-erkennung zu Theil werden zu lassen, zu welchem Ende er sich erlaubt, die Bewilligung einer Remuneration von 1000 Gulden zu Lasten des Executionsfonds in Vorschlag zu bringen.

Nicht minder erscheint es billig, daß dem mit der Dienstleistung in der Liquidationscom-mission betraut gewesenen niederen Canzleipersonal für diese während eines langen Zeitraumes auferlegten außergewöhnlichen Bemühungen eine besondere Remuneration bewilligt werde, und der Ausschuß vermag daher die von der Militärcommission in dieser Beziehung ge-machten Vorschläge nur zu befürworten.

Was endlich die bereits zur Auszahlung gelangte Miethe für das im Monat April noch beibehaltene Arbeitslocal der Liquidationsabtheilung anlangt, so bedarf diese unabweisbare Ausgabe keiner weiteren Rechtfertigung, indem durch die früheren zu gleichem Zwecke gemachten Geldbewilligungen das Bedürfniß der Miethe eines solchen Arbeitslocales nur bis zum 31. März incl. gedeckt worden war.

Hiernach beehrt sich der Ausschuß, zu

beantragen:

Hohe Versammlung wolle

1) dem Oberkriegscommissär Habermaas in Anerkennung seiner verdienstlichen Thä-tigkeit bei Leitung des Liquidationsgeschäftes die Summe von 1000 Gulden aus dem Fond für die Execution in Holstein und Lauenburg bewilligen;

2) den Canzleidienern Obermayer, Himmel, Reichard und Gasche, sowie dem Einheizer Michel für ihre bei der Liquidationsabtheilung geleisteten außer-gewöhnlichen Dienste eine Remuneration von je 50 Gulden, im Ganzen also von 250 Gulden, zu Lasten desselben Fonds anweisen;

3) die Auszahlung des Betrages von 83 Gulden 20 Kreuzer an den Apotheker Blum in Frankfurt als Miethe für das im Monat April noch beibehaltene Arbeitslocal der Liquidationsabtheilung nachträglich gutheißen;

4) der Militärcommission und der Bundescassen-Verwaltung von diesen Beschlüssen Kenntniß geben.

**Sämmtliche Herren Gesandten** — mit Ausnahme desjenigen der **zwölften Stimme,** welcher sich der Abstimmung enthielt, — traten dem Ausschußantrage bei, worauf derselbe zum Beschlusse erhoben wurde.

## §. 242.

**Einstellung der Functionen des Herrn Bundestags-Gesandten der zwölften Stimme für Sachsen-Meiningen.**

(34. Sitz. §. 224 v. J. 1866.)

**Zwölfte Stimme für Sachsen-Meiningen.** Nachdem der Gesandte in Folge Höchsten Befehls seit dem 8. d. M. seine Functionen als Bundestags-Gesandter interimistisch eingestellt hat, ist derselbe jetzt definitiv von seinem Posten abberufen worden und beehrt er sich, erhaltenem Auftrage gemäß, dem Herrn Präsidialgesandten und den übrigen Herren Gesandten hiervon ergebenste Mittheilung zu machen.

**Die Bundesversammlung** bezog sich dieser Anzeige gegenüber auf die bei ähnlichen Anlässen erfolgten Erklärungen und Verwahrungen zurück.

> Kübeck.
> Schrenk.
> Bose.
> Heimbruch.
> Linden.
> Meyer.
> Viegeleben.
> Beaulieu-Marconnay.
> Wittgenstein.

## Beilage

zu §. 239 des Protokolls der 37. Sitzung der Deutschen Bundesversammlung vom 26. Juli 1866.

———

## Berechnung

der den Beamten und Dienern des Bundes während ihres Aufenthaltes in Augsburg als
wöchentliches Pauschale nach Procentsätzen der Gehaltsbezüge zu gewährenden Vergütungs-
beträge.

| Ord.-Nr. | Namen der Beamten und Diener. | Jahresgehalte fl. | kr. | Procentsätze | Wöchentliche Vergütungsbeträge fl. | kr. |
|---|---|---|---|---|---|---|
| 1. | Canzleidirector, Kaiserlich-Königlich-Oesterreichischer Legationsrath Ritter von Dumreicher | 6000 | . | $\frac{1}{4}$ | 30 | . |
| 2. | Cassier von Meyer | 3000 | . | $\frac{1}{2}$ | 35 | . |
| 3. | Controleur Ebeling | 2400 | . | $\frac{3}{4}$ | 32 | . |
| 4. | Revisor Fickel | 2400 | . | $\frac{3}{4}$ | 32 | . |
| 5. | Secretär Leutheußer | 2100 | . | $\frac{3}{4}$ | 32 | . |
| 6. | Canzlist Gräser | 1350 | . | 1 | 28 | . |
| 7. | „ Stedtfeld | 950 | . | $1\frac{1}{2}$ | 28 | . |
| 8. | Canzleidiener Gerster | 800 | . | $1\frac{1}{2}$ | 21 | . |
| 9. | „ Schiettinger | 650 | . | $1\frac{3}{4}$ | 21 | . |
| | **Militärcommission.** | | | | | |
| 10. | Oberkriegscommissär Habermaas | 4000 | . | $\frac{1}{2}$ | 35 | . |
| 11. | Registrator Umber | 1800 | . | 1 | 30 | . |
| 12. | Canzlist Sohr | 1050 | . | $1\frac{1}{2}$ | 28 | . |
| 13. | „ Obermayer | 900 | . | $1\frac{1}{2}$ | 28 | . |
| 14. | Canzleidiener Himmel | 750 | . | $1\frac{1}{2}$ | 21 | . |
| 15. | „ Gasche | 650 | . | $1\frac{3}{4}$ | 21 | . |
| | Wöchentliche Summe | . | . | . | 422 | . |

# Acht und dreißigste Sitzung.

Geschehen Augsburg, den 2. August 1866.

## In Gegenwart:

Von Seiten **Oesterreichs**: des von dem Kaiserlich-Königlich-Oesterreichischen Präsidirenden Herrn Gesandten Freiherrn von Kübeck substituirten Königlich-
Bayerischen Herrn Bundestags-Gesandten Freiherrn von Schrenk;

Von Seiten **Bayerns**: des Königlichen Herrn Staatsraths Freiherrn von
Schrenk;

Von Seiten **Sachsens**: des Königlichen Herrn Geheimen Raths von Bose;

Von Seiten **Hannovers**: des Königlichen Herrn Geheimen Legationsraths von
Heimbruch;

Von Seiten **Württembergs**: des Königlichen Herrn Staatsministers Freiherrn
von Linden;

Von Seiten **Badens**: des von dem Großherzoglich-Badischen Herrn Bundestags-
Gesandten von Mohl substituirten Königlich-Sächsischen Herrn Bundestags-
Gesandten von Bose;

Von Seiten **Kurhessens**: des Kurfürstlichen Herrn Staatsraths von Meyer;

Von Seiten des **Großherzogthums Hessen**: des Großherzoglichen Herrn
Geheimen Legationsraths von Biegeleben;

Von Seiten der **dreizehnten Stimme**: des Herzoglich-Nassauischen Herrn
Staatsministers Prinzen zu Sayn-Wittgenstein-Berleburg;

Von Seiten der **sechzehnten Stimme**: des Herrn wirklichen Geheimen Raths
Freiherrn von Linde;

Von Seiten der **siebenzehnten Stimme**: des substituirten Königlich-Sächsischen
Herrn Bundestags-Gesandten von Bose;

und meiner, des Kaiserlich-Königlich-Oesterreichischen Legationsraths und Bundescanzlei-Directors Ritters von Dumreicher.

## §. 243.

### Substitutionen.

**Der Königlich-Bayerische Herr Gesandte** zeigt an, daß er im Präsidium und für die Oesterreichische Stimme substituirt sei, und daß die Substitution des Königlich-Sächsischen Herrn Gesandten für die von dem Großherzoglich-Badischen Herrn Gesandten geführten Stimmen fortwähre.

## §. 244.

### Bundesgarnisonen in Mainz, Rastatt und Ulm.

**Bayern.** Die Königlich-Bayerische Regierung hat in der unterm 28. v. M. mit der Königlich-Preussischen Regierung abgeschlossenen Waffenstillstands-Uebereinkunft sich verpflichtet, zu erwirken, daß der sofortigen Rückkehr in die Heimath der Truppen der norddeutschen Staaten, welche sich bisher noch in Ulm, Rastatt und Mainz befinden, kein Hinderniß in den Weg gelegt, und denselben der Marsch in die Heimath, unter Anwendung der üblichen Verpflegungssätze, gestattet werde.

Der Gesandte hat zu beantragen, daß hohe Bundesversammlung diese Stipulation genehmigen und die Verständigung der betreffenden Festungsgouvernements von dem gefaßten Beschlusse veranlassen wolle.

**Auf Präsidialvorschlag** wurde

beschlossen:

über diesen Antrag in der nächsten Sitzung abzustimmen.

## §. 245.

### Convention zur Linderung des Looses der im Kriege verwundeten Soldaten.
(35. Sitz. §. 227 v. J. 1866.)

**Königreich Sachsen.** Nachdem die Königliche Regierung unter dem 9. Juli d. J. der zu Genf am 22. August 1864 geschlossenen internationalen Uebereinkunft zur Verbesserung des Looses der in den Feldarmeen verwundeten Militärs beigetreten ist, so hat der Gesandte Befehl erhalten, der hohen Bundesversammlung hiervon unter Vorlage der betreffenden Bekanntmachung im Gesetz- und Verordnungsblatte für das Königreich Sachsen Anzeige zu machen.

**Dreizehnte Stimme für Nassau.** Der Gesandte beehrt sich anzuzeigen, daß die Herzogliche Regierung der zu Genf am 22. August 1864 abgeschlossenen Convention zur Linderung des Looses der im Kriege verwundeten Soldaten beigetreten ist.

**Die Bundesversammlung** nahm diese Anzeigen zur Kenntniß.

## §. 246.

### Austritt Badens aus dem Deutschen Bunde.

**Baden.** Der substituirte Gesandte ist von der Großherzoglichen Regierung beauftragt, die Erklärung abzugeben, daß Höchstdieselbe den Deutschen Bund durch den bereits erfolgten Austritt der weitaus größten Zahl der bisherigen Bundesmitglieder, sowie durch den in Folge der Kriegsereignisse thatsächlich herbeigeführten politischen Zustand Deutschlands als aufgelöst und erloschen betrachten muß.

Der substituirte Gesandte ist angewiesen, mit Abgabe dieser Erklärung seine Theilnahme an der Bundesversammlung zu beschließen.

**Auf Präsidialvorschlag** wurde

beschlossen:

1) in Bezug auf den Austritt der Großherzoglich-Badischen Regierung aus dem Bunde in gleicher Weise wie bei früheren ähnlichen Fällen Verwahrung einzulegen und unter Vorbehalt aller Rechte des Bundes der Großherzoglich-Badischen Regierung die Verantwortung für die Bundesfestung Rastatt und das Bundeseigenthum daselbst zu überweisen;
2) die Militärcommission hiervon zu verständigen.

## §. 247.
### Druck der Protokolle der Bundesversammlung in Augsburg.

**Präsidium.** In Folge der provisorischen Verlegung des Sitzes der hohen Bundesversammlung nach Augsburg ist die Nothwendigkeit eingetreten, wegen des ferneren Drucks der Bundesprotokolle rc. ein Abkommen zu treffen, und von verläßlicher Seite wurde hierzu der hiesige Druckereiinhaber G. Wolf empfohlen, welcher nach vorheriger Information sich bereit erklärt hat, die fraglichen Druckarbeiten gegen die in dem vorliegenden Kostenanschlage enthaltenen Vergütungssätze zu übernehmen.

Da die Zuverlässigkeit des genannten Druckers Wolf nicht zu bezweifeln steht, auch die angesprochenen Vergütungssätze, ungeachtet der höheren Papierpreise, im Ganzen billiger erscheinen, als diejenigen, welche seither dem Drucker Krebs-Schmitt in Frankfurt berechnet worden sind, so beehrt sich Präsidium, im Einverständniß mit dem Ausschusse für das Bundescassen- und Finanzwesen, zu

beantragen:

Hohe Bundesversammlung wolle unter Verzicht auf den Abschluß eines förmlichen Vertrags die provisorische Uebertragung der für die Bundesversammlung nöthig werdenden Druckarbeiten an den hiesigen Druckereiinhaber G. Wolf gegen die von demselben angesprochenen Vergütungssätze genehmigen und die Canzleidirection beauftragen, den Drucker Wolf hiervon zu verständigen.

**Sämmtliche Herren Gesandten** — mit Ausnahme des für die **siebenzehnte Stimme** substituirten Herrn Gesandten, welcher sich der Abstimmung enthielt, — traten dem Präsidialantrage bei, worauf derselbe zum Beschlusse erhoben wurde.

## §. 248.
### Zulagen für Officiere, Beamte und Unterpersonal in den Bundesfestungen Mainz, Ulm, Rastatt und Landau in Folge der Armirung und Proviantirung dieser Festungen.
(32. Sitz. §. 282 v. J. 1862.)

**Der Großherzoglich-Hessische Herr Gesandte** erstattet Namens des Ausschusses in Militärangelegenheiten nachstehenden Vortrag:

Die Militärcommission hat unterm 23. Juli v. J. Folgendes berichtet:

„Durch Punkt 4 des hohen Bundesbeschlusses vom 14. August 1862 wurde die Militärcommission beauftragt: in Fällen, bei welchen die Bewilligung von außerordentlichen Zulagen angemessen erscheint, in Zukunft ihren deßfallsigen Verfügungen und Anträgen, insbesondere bezüglich der Höhe der Zulagen, den ihrem Berichte vom 21. November 1861 beigefügten Tarif zu Grunde zu legen.

Durch die angeordnete Armirung und Proviantirung der Bundesfestungen ist ein solcher Fall eingetreten und bittet daher die Militärcommission um die Ermächtigung, den durch die Armirung und Proviantirung der Bundesfestungen Mainz, Ulm, Rastatt und Landau in außerordentlicher Weise in Anspruch genommenen Officieren, Beamten und Unterbediensteten die in Ziffer III, IV und V des Tarifes vom 27. November 1861 normirten Zulagen nach Maßgabe der zugehörigen speciellen Bestimmungen aus den betreffenden Fonds anweisen zu dürfen."

### Gutachten.

In dem Vortrage, welchen der Ausschuß in der Sitzung vom 17. Juli 1862 (Prot. §. 241) zu erstatten die Ehre hatte, und welcher dem von der Militärcommission angeführten Bundesbeschlusse vom 14. August 1862 zu Grunde liegt, sind die Gesichtspunkte, aus welchen die Bewilligung von außerordentlichen Zulagen an nicht im unmittelbaren Bundesdienste stehende Officiere und Beamte zu beurtheilen ist, ausführlich erörtert worden. Indem daher der Ausschuß auf diesen Vortrag im Allgemeinen Bezug zu nehmen sich erlaubt, kann er sich auf wenige Bemerkungen beschränken.

Nach Maßgabe des erwähnten Bundesbeschlusses vom 14. August 1862 kann es sich jetzt nur um die Beantwortung der Frage handeln, ob in dem vorliegenden Falle die Bewilligung von außerordentlichen Zulagen überhaupt angemessen erscheine, während es im Bejahungsfalle in Betreff der Höhe dieser Zulagen nicht zweifelhaft sein kann, daß der Tarif vom 27. November 1861 (conf. Militärcommissions-Protokoll von 1861 §. 239) in Anwendung zu kommen haben werde. Es läßt sich aber nicht verkennen, daß, wenn überhaupt je eine Bewilligung von Zulagen aus Bundesmitteln an nicht im unmittelbaren Bundesdienste stehende Officiere und Beamte gerechtfertigt erscheinen kann, diese vorzugsweise gelegentlich der Armirung und Proviantirung der Bundesfestungen der Fall sein werde, indem die hierdurch bedingten außerordentlichen Dienste und Arbeiten der betreffenden Officiere und Beamten wesentlich im speciellen Auftrage und Interesse des Bundes geleistet werden. Indem daher der Ausschuß die von der Militärcommission beantragte Bewilligung von Zulagen nur für angemessen erachten und befürworten kann, bemerkt er noch, daß die in Ziffer III, IV und V des erwähnten Tarifs normirten Zulagen speciell für den Fall der Armirung und Proviantirung der Bundesfestungen berechnet sind.

Hiernach beehrt sich der Ausschuß zu

### beantragen:

Hohe Bundesversammlung wolle die Militärcommission ermächtigen, den durch die Armirung und Proviantirung der Bundesfestungen Mainz, Ulm, Rastatt und Landau in außerordentlicher Weise in Anspruch genommenen Officieren, Beamten und Unterbediensteten die in Ziffer III, IV und V des Tarifs vom 27. November 1861 normirten Zulagen nach Maßgabe der zugehörigen speciellen Bestimmungen aus den betreffenden Festungsfonds anzuweisen.

**Sämmtliche Herren Gesandten** — mit Ausnahme des für die **siebenzehnte Stimme** substituirten Herrn Gesandten, welcher sich der Abstimmung enthielt, — traten dem Antrage des Ausschusses bei, worauf derselbe zum Beschlusse erhoben wurde.

## §. 249.

### Verzeichniß der Eingaben.

Die Eingabe

Num. 20 (eingeg. und dat. München, den 1. August 1866) Bitte der Maria Barbara
Häffel, Wittwe des vormaligen Bundesrechnungsrevisors Carl Häffel, um Gewährung
eines Vorschusses auf ihren Gnadengehalt, —

wurde der Reclamationscommission zugewiesen.


Schrenk.
Bose.
Heimbruch.
Linden.
Meyer.
Wiegeleben.
Wittgenstein.
Linde.

# Separatprotokoll

### der 38. Sitzung der Deutschen Bundesversammlung.

Geschehen Augsburg, den 2. August 1866.

## In Gegenwart

aller in der erwähnten Sitzung Anwesenden.

### §. 65.

#### Bundesgarnisonen in Mainz, Ulm und Rastatt.

(34. Sitz. S. P. §. 58 v. J. 1866.)

**Der Königlich-Sächsische Herr Gesandte** trägt Namens des Ausschusses in Militärangelegenheiten Nachstehendes vor:

In der 37. Sitzung hat die Herzoglich-Sachsen-Meiningen'sche Regierung beantragt, es möchte das zur Besatzung von Mainz augenblicklich gehörige Herzoglich-Sachsen-Meiningen'sche Contingent aus der Festung entlassen werden, da die Voraussetzung, unter welcher die Entsendung desselben dorthin erfolgte, hinfällig geworden sei.

Der Ausschuß in Militärangelegenheiten, an welchen jener Antrag gewiesen wurde, hatte sich schon früher veranlaßt gesehen, sich mit dieser Angelegenheit zu beschäftigen, indem derselbe benachrichtigt worden war, daß Seitens der Großherzoglich-Sächsischen, der Herzoglich-Sachsen-Meiningen'schen und der Fürstlichen Regierung von Reuß jüngerer Linie wegen Entlassung ihrer dermalen zu den Besatzungen der Bundesfestungen Mainz, Ulm und Rastatt gehörigen Contingente Schritte geschehen seien.

Dieselben Gründe, welche die hohe Bundesversammlung auf Antrag ihres Ausschusses bestimmt hatten, den schon in der 34. Sitzung gestellten gleichen Antrag der Großherzoglich-Sächsischen Regierung abzulehnen, mußten auch im vorliegenden Falle für die principielle Auffassung des Ausschusses maßgebend sein. Derselbe konnte sich indessen nicht der Nothwendigkeit verschließen, daß unter den dermaligen Verhältnissen auch in Betracht zu ziehen sein werde, ob die aus einem solchen Beschlusse erwachsenden Folgen auch vom militärischen Gesichtspunkte wirklich durchführbar erscheinen. Im Hinblicke hierauf glaubte der Ausschuß die Entscheidung der Frage, ob durch Entwaffnung und Internirung dieser Contingente in den Festungen, oder durch Abschluß gehörig sichernder Conventionen der Zweck, die Zahl der Gegner des Bundes nicht zu vermehren, am zweckmäßigsten erreicht werde, dem Ermessen Seiner Königlichen Hoheit des Oberbefehlshabers der Bundestruppen, Prinzen Carl von Bayern, anheimgeben zu sollen, was in einem an Höchstdenselben unter dem 24. v. M. gerichteten Schreiben geschah, welches hier beiliegt*), und von dem den Gouverneuren der drei betheiligten Bundes-festungen Mittheilung zugegangen ist.

Inzwischen hat die Militärcommission mit Bericht vom 27. v. M. angezeigt, daß der Gouverneur der Bundesfestung Mainz mit dem Herzoglich-Sachsen-Meiningen'schen Contingent eine Capitulation abgeschlossen habe, welche unter dem 31. v. M. zur Vorlage gelangte. Aus dieser nebst dem Berichte des Gouverneurs im Abdrucke beigefügten Convention d. d. Mainz den 28. Juli 1866**) geht hervor, daß den genannten Truppen gegen die von ihnen — Seitens der Offiziere und Beamten auf Ehrenwort — ertheilte Ver-sicherung, ein Jahr lang bei denjenigen Regierungen, „welche gegenwärtig oder im Laufe des bezeichneten Jahres an der Seite Preussens gegen die übrigen deutschen Staaten im Krieg be-griffen sind," keine Kriegsdienste zu leisten, mit Zurücklassung ihrer Gewehre und Munition, sonst aber mit allen militärischen Ehren gestattet ist, die Festung zu verlassen, was auch bereits erfolgt ist.

Nachdem — wie der Ausschuß in Erfahrung gebracht — der Oberbefehlshaber der Bundestruppen wegen der von ihren Regierungen reclamirten Contingente den Gouverneuren der Bundesfestungen die Ergreifung der ihnen entsprechend scheinenden Maßregeln überlassen hat, so glaubt der Ausschuß, indem er sich der Hoffnung hingibt, sein Verhalten in dieser An-gelegenheit von hoher Bundesversammlung gebilligt zu sehen, gegen diese Convention ein Be-denken nicht erheben zu sollen.  Er

beantragt

daher:

Hohe Bundesversammlung wolle

1) sich mit dem Inhalte des an Seine Königliche Hoheit den Prinzen Carl von Bayern, Oberbefehlshaber der Bundestruppen, unter dem 24. Juli gerichteten Schreibens, so-wie den auf Grund desselben bezüglich der darin erwähnten Contingente zu treffenden Anordnungen einverstanden erklären;

2) der Militärcommission auf den Bericht vom 27. Juli von diesem Beschlusse Kenntniß geben.

Der Ausschußantrag wurde unter allseitiger Zustimmung zum Beschlusse erhoben.

## §. 66.

### Erledigung der Rechnungen der Bundesfestung Rastatt vom Jahre 1864.

(31. Sitz. S. P. §. 54 d. J. 1865.)

**Der Herr Gesandte von Königreich Sachsen** hält Namens des Aus-schusses in Militärangelegenheiten ferner folgenden Vortrag:

Mittelst Berichts vom 18. Juni d. J. bittet die Militärcommission um die Ermächtigung, über die Rechnungen der Artilleriedirection, der Festungs-Haupt- und der Administrations-Casse der Bundesfestung Rastatt vom Jahr 1864 den Erledigungsbescheid ertheilen zu dürfen.

Diese Rechnungen sind bei der Militärcommission in der Sache und bei dem Großherzoglich-Badischen Kriegsministerium als Superrevisionsbehörde in der Zahl geprüft worden und ist den

---

*) M. f. die Beilage 1.
**) M. f. die Beilagen 2 und 3.

dabei entſtandenen wenigen Erinnerungen Genüge geſchehen. Einen Ueberblick über die gemachten Einnahmen und Ausgaben gibt der beiliegende ſummariſche Rechnungsauszug*); die Bewilligung der bezüglichen Voranſchläge erfolgte mittelſt Beſchluſſes vom 7. April 1864 (Sep. Prot. §. 2). Endlich iſt noch zu erwähnen, daß die gleichen Rechnungen des Jahres 1863 durch Bundesbeſchluß vom 21. December 1865 (Sep. Prot. §. 54) ihre Erledigung gefunden haben.

Unter dieſen Umſtänden, und da dem Ausſchuſſe gegen den Antrag der Militärcommiſſion auch ſonſt ein Bedenken nicht beigeht, ſteht derſelbe nicht an, zu befürworten:

Hohe Bundesverſammlung wolle die Militärcommiſſion auf deren Bericht vom 18. Juni l. J. ermächtigen, über die Rechnungen

1) der Artilleriedirection,
2) der Feſtungs-Hauptcaſſe und
3) der Adminiſtrationscaſſe

der Bundesfeſtung Raſtatt vom Jahre 1864 den Erledigungsbeſcheid zu ertheilen.

Der Antrag wurde einſtimmig angenommen.

Schrenk.
Boſe.
Heimbruch.
Linden.
Meyer.
Wiegeleben.
Wittgenſtein.
Linde.

## Beilagen 1 bis 4

zu dem Separatprotokolle der 38. Sitzung der Deutschen Bundesversammlung vom 2. August 1866.

---

### Beilage 1.
(zu §. 66.)

## Schreiben

des Bundestags-Ausschusses in Militärangelegenheiten an Seine Königliche Hoheit
den Prinzen Carl von Bayern in Würzburg, d. d. Augsburg, den 24. Juli 1866.

---

Wie Eure Königliche Hoheit aus den drei abschriftlichen Beilagen entnehmen wollen, haben
die Großherzoglich-Sächsische, die Herzoglich-Sachsen-Meiningen'sche und die Fürstlich-Reußische
Regierung j. L. die Entlassung ihrer zu den Festungsgarnisonen von Mainz, Ulm und Rastatt gehörigen Contingente aus den gedachten Bundesfestungen angeregt. Nachdem die Bundesversammlung nach Inhalt des beiliegenden Separatprotokolls in der Sitzung vom 5. d. M. dem schon
damals gestellten gleichen Antrage der Großherzoglich-Sächsischen Regierung nicht zu entsprechen
beschlossen hatte, so glaubt der Ausschuß in Militärangelegenheiten auch ferner an dieser Auffassung
festhalten zu sollen, wenn nicht die nöthigen Garantieen geboten werden, daß diese Truppen weder
direct noch indirect gegen die bundestreuen Regierungen im Laufe dieses Krieges verwendet werden.
Der Militärausschuß hatte die später von der Bundesversammlung gutgeheißene Verlegung der
Großherzoglich-Sächsischen Truppen von Mainz nach Ulm und Rastatt ja überhaupt nur aus
dem Grunde angeordnet, um ihnen wenn irgend möglich keine dem ursprünglichen Zwecke ihrer
Verlegung in eine neutralisirte Festung entgegengesetzte Verwendung zuzuweisen. Auch jetzt kann
selbstverständlich nicht die Absicht bestehen, diese Truppen zu Operationen gegen Preußen benutzen
zu wollen. Ob jedoch durch die Rückforderung der Contingente Seitens der eben gedachten Regierungen militärische Vorkehrungsmaßregeln bedingt werden, ob diese eventuell in dem Abschluß
hinreichend sicher stellender Conventionen oder in sofortiger Entwaffnung und Internirung der
Truppen zu bestehen hätten, darüber glaubt der Ausschuß die Entscheidung dem Ermessen Eurer
Königlichen Hoheit anheimgeben zu sollen, indem seiner Ansicht nach die Beantwortung der Frage,
ob und unter welchen Modalitäten die Ausführung der einen oder der anderen Maßregel thunlich
erscheint, von militärischen Rücksichten abhängig ist, deren Beurtheilung sich dem Wirkungskreise
der Bundesversammlung entzieht.

Indem der Ausschuß noch bemerkt, daß sowohl die Königlich-Württembergische Regierung
als auch die Gouverneure der Bundesfestungen Mainz und Rastatt von gegenwärtigem Schreiben
Kenntniß erhalten, und gleichzeitig noch die Bitte hinzufügt, von den etwaigen Anordnungen benachrichtigt zu werden, hat er die Ehre ꝛc.

---

**Beilage 2.**

(zu §. 65.)

# Bericht

**des Gouverneurs der Bundesfestung Mainz, Generalmajors Grafen von Rechberg,
an die Bundes-Militärcommission, d. d. Mainz, den 28. Juli 1866.**

Wie ich der sehr verehrlichen Militärcommission durch Telegramm vom 25. d. M. bereits vorläufig anzuzeigen die Ehre hatte, hat der Festungscommandant und Commandeur des Sachsen-Meiningen'schen Contingentes Oberst von Buch von seiner Regierung die Mittheilung erhalten, daß Seine Hoheit der Herzog von Sachsen-Meiningen-Hildburghausen aus dem Bunde ausgetreten sei, und die Absicht, das Contingent aus der Bundesfestung Mainz zurückzuziehen, der Bundesversammlung habe bekannt geben lassen.

An diese Mittheilung war, wie ich ebenfalls telegraphisch zu berichten die Ehre hatte, zugleich an den Obersten von Buch von Seite seines Kriegsherrn der Befehl geknüpft, seine Stelle als Commandant der Festung niederzulegen.

Da mir in Bezug auf diesen letzteren Theil meines Telegrammes von Seite der sehr verehrlichen Militärcommission der Auftrag zuging, dem Commandanten des Kurfürstlich-Hessischen Contingentes, Generalmajor von Loßberg, die Führung des Festungscommando's provisorisch zu übertragen, so habe ich nicht verfehlt, hierwegen sogleich die nöthigen Einleitungen zu treffen, und es hat auch gestern Abends bereits die Uebergabe und Uebernahme stattgefunden.

Was die Zurückziehung des Herzoglich-Meiningen'schen Contingentes anbelangt, so ist mir eine Entschließung hoher Militärcommission auf meine deßfallsige ergebenste Anfrage nicht geworden und mir erübrigte daher nur, nach bestem Wissen und Gewissen vorzukehren, was ich in der aufhabenden Pflicht, für die Sicherheit des Platzes zu wachen, unter den obwaltenden militärischen und politischen Verhältnissen für das Angemessenste halten mußte.

Da mir bekannt geworden war, daß die Offiziere und Mannschaften des Meiningen'schen Contingentes nicht ohne Kenntniß von der beabsichtigten Zurückziehung geblieben waren, so hielt ich es im Interesse der Festung geboten, das Contingent so schnell als möglich unschädlich zu machen, und ich beschloß daher, dasselbe zu entwaffnen, dasselbe aber nicht als kriegsgefangen zu behandeln, sondern nach Eingehung einer Capitulation in die Heimath zu entlassen, weil mir bei dem ohnehin geringen Besatzungsstande und bei der Möglichkeit, daß auch noch das eine oder andere der zurückgebliebenen Contingente von den politischen Schwankungen könnte ergriffen werden, nicht die Mittel zu Gebote stehen, tausend Mann Kriegsgefangene zu bewachen.

Da mir Oberst von Buch als ein in hohem Grade loyaler Mann bekannt ist, so habe ich mich offen an denselben gewendet, ihm meine Bedingungen, unter welchen ich den Abzug der Truppen gestatten könne, bekannt gegeben, und ihn befragt, ob er dafür einstehen könne, daß seine Offiziere und Soldaten ohne Anwendung von Gewalt die Capitulationsbedingungen annehmen werden.    Nachdem er die entsprechende Zusicherung gegeben, schloß ich einen Vertrag mit ihm ab, von welchem ich mich beehre, eine beglaubigte Abschrift ergebenst hier beizulegen.

Das Contingent sollte heute abziehen, allein es haben sich in Bezug auf dessen Durchzug durch die Preussischen Linien, welcher erst vermittelt werden mußte, unvorherzusehende Schwierigkeiten ergeben und es läßt sich daher nicht voraussehen, wie viele Zeit noch in Anspruch genommen werden wird, bis der Abzug bewerkstelligt werden kann; doch werde ich den Vollzug nach Kräften betreiben.

Ich kann diesen Bericht nicht schließen, ohne sehr verehrlicher Militärcommission ergebenst Kenntniß davon zu geben, daß das Contingent während seines Hierseins eine musterhafte Aufführrung gepflogen hat, so daß es mir schmerzlich war, eine so ausgezeichnete, wohldisciplinirte und durchgebildete Truppe aus der Festung scheiden zu sehen, und namentlich fällt es mir schwer, den Commandeur derselben, Oberst von Buch, welchem mein vollstes Vertrauen zu schenken ich vollkommen berechtigt war, aus dem Festungsdienste zu verlieren, da sich derselbe mit einem seltenen Eifer, mit vollster Hingebung und mit unermüdlicher Thätigkeit seinen Pflichten als Festungscommandant hingab.

**Beilage 3.**
(zu §. 65.)

# Vertrag,

abgeschlossen zwischen dem Gouverneur der Bundesfestung Mainz einerseits, und dem Commandeur des Herzoglich-Sachsen-Meiningen'schen Contingentes Oberst von Buch anderseits über die Bedingungen, unter welchen das Herzoglich-Sachsen-Meiningen'sche Contingent aus dem Bundesdienste entlassen wird.

———————

Nachdem Seine Hoheit der reglerende Herzog Bernhard von Sachsen-Meiningen-Hildburghausen durch den Commandeur des Herzoglich-Meiningen'schen Besatzungscontingentes Oberst von Buch haben erklären lassen, daß Höchstsie aus dem Deutschen Bunde ausgetreten seien und beschlossen haben, Höchstihr bisher im Bundesdienste gestandenes Contingent von hier abzuberufen, —

nachdem aber der Durchlauchtigste Deutsche Bund nicht zugeben kann, daß die Reihen seiner Feinde durch den Abzug des genannten Contingents verstärkt werden, und der Gouverneur der Bundesfestung Mainz sich daher genöthigt sehen würde, das Contingent, wenn dasselbe auf eine Capitulation nicht eingehen wollte, unter Anwendung von Gewalt zu entwaffnen und als kriegsgefangen zu behandeln, —

sind der Gouverneur der Bundesfestung Mainz, der Königlich-Bayerische Generalmajor Graf von Rechberg und Rothenlöwen, Kammerherr und Generaladjutant Seiner Majestät des Königs von Bayern u. s. w., einerseits, und der Commandeur des Herzoglich-Sachsen-Meiningen'schen Besatzungscontingentes, Flügeladjutanten Seiner Hoheit des Herzogs von Sachsen-Meiningen-Hildburghausen, Oberst Gustav von Buch, welcher erklärt, daß er durch einen Erlaß seiner hohen Regierung sich in die Lage versetzt sehe, gegenwärtigen Vertrag abzuschließen, anderseits, zur Verhütung zwecklosen Blutvergießens über folgende Capitulations-Bedingungen übereingekommen:

## Artikel I.

Alle in dem anliegenden Verzeichnisse namentlich angeführten Officiere, Beamten, Unterofficiere, Soldaten und Spielleute des Herzoglich-Sachsen-Meiningen'schen Contingentes verpflichten sich und geloben, und zwar die Officiere und Beamten auf Ehrenwort, während der Dauer eines Jahres vom heutigen Tage an gerechnet, keinen Kriegsdienst bei denjenigen Regierungen zu leisten, welche gegenwärtig oder im Laufe des bezeichneten Jahres an der Seite Preussens gegen die übrigen deutschen Staaten im Kriege begriffen sind, oder begriffen sein werden.

## Artikel II.

Die Herren Officiere und Beamten behalten ihre Waffen, ihre Pferde und ihr ganzes sonstiges Eigenthum.

Dem Contingente ist gestattet, die Fahnen, die Kriegscasse und das sonstige Eigenthum mitzuführen, mit Ausnahme jedoch der Gewehre, der Munition und der Munitionswagen, welche das Contingent dahier in Besitz hat, und welche als Eigenthum dem Contingente verbleibend an die Artilleriedirection der hiesigen Bundesfestung gegen Empfangsbescheinigung und unter Zusicherung der seinerzeitigen Zurückgabe abgeliefert werden.

Der Mannschaft wird gestattet, ihre Tornister mitzunehmen, und außerdem wird derselben, in besonderer Anerkennung ihrer bisherigen musterhaften Aufführung bewilligt, das Seitengewehr beibehalten zu dürfen.

### Artikel III.

Das anliegende Verzeichniß bildet einen integrirenden Theil des gegenwärtigen Vertrags. Jeder darin Genannte wird, wenn er gegen Erwarten die durch Artikel I eingegangenen Verpflichtungen brechen sollte, im Betretungsfalle nach Kriegsrecht behandelt, und mit dem Tode durch Erschießen bestraft.

### Artikel IV.

Der gegenwärtige Vertrag wird den Herren Officieren und Beamten und den Mannschaften des Contingentes vorgelesen, und durch ihre Unterschrift auf dem beiliegenden Verzeichniß bestätigen die Herren Officiere und Beamten, daß jeder Einzelne des Contingentes die verlesenen Vertragsbedingungen wohl verstanden habe und das Gelöbniß leiste, — die Herren Officiere und Beamten auf Ehrenwort, — dieselben getreulich und unverbrüchlich zu halten.

### Artikel V.

Nach Eingehung der in den obigen vier Artikeln stipulirten Vertragsbedingungen steht dem Herzoglich-Sachsen-Meiningen'schen Contingente der Abzug aus der Festung frei, jedoch ist derselbe innerhalb der nächsten vier und zwanzig Stunden in Vollzug zu setzen.

### Artikel VI.

Sollte vor Abfluß der im Artikel I stipulirten Jahresfrist zwischen den Kriegführenden Friede geschlossen werden, so bleibt es den in dieser Capitulation inbegriffenen Angehörigen des Contingentes unbenommen, wieder Militärdienste zu leisten, und es tritt sonach der Artikel I außer Kraft. —

So geschehen in doppelter Ausfertigung und durch eigenhändige Unterschrift und unter Beidrückung der Siegel bestätigt.

Mainz, den 28. Juli 1866.

Der Gouverneur der Bundesfestung Mainz.

(L. S.) **Graf von Rechberg,**
Gouverneur.

Der Commandeur des Herzoglich-Sachsen-Meiningen'schen Contingentes.

(L. S.) **Gustav von Buch,**
Oberst.

Beilage 4.
(zu §. 66.)

# Summarischer Rechnungsauszug

über

alle Einnahmen und Ausgaben der Festungscassen von Rastatt vom Jahre 1864.

38. Sitz. Sep. Prot. v. 2. August 1866, Beil. **4** zu §. **66.**

| Titel. | Vortrag. | Voranschlag für 1864. | | Betrag laut Rechnung. | |
|---|---|---|---|---|---|
| | | Gulden. | Kr. | Gulden. | Kr. |
| | **Einnahme.** | | | | |
| I. | Cassenrest vom vorigen Jahr und zwar: | | | | |
| | a) der Festungs-Hauptcasse . . . . 8,934 fl. 7 kr. | | | | |
| | b) der Geniedotations-Casse (inclusive 153 fl. 7 kr. | | | | |
| | Vorschußguthaben) . . . . . 353 fl. 7 kr. | 9,287 | 14 | 9,287 | 14 |
| II. | Eigene Einnahmen und zwar: | | | | |
| | 1. für die Dotation (inclusive 19 fl. Einnahme-Reste von 1863) | 4,170 | . | 6,419 | 17 |
| | 2. für die besonderen Bewilligungen | | | | |
| | a) der Artillerieausrüstung . . . . . . . . . | . | . | 961 | 41 |
| | b) der Proviantverwaltung . . . . . . . | . | . | 10 | . |
| | 3. zur Ablieferung an die Bundescasse | | | | |
| | a) für den Fond der Unterkunftseinrichtung . . . . . | . | . | 54 | 36 |
| | b) für den Fond der fortificatorischen Armirung . . . . | . | . | 426 | 20 |
| III. | Zuschüsse aus der Bundescasse und zwar | | | | |
| | 1) für die Dotation . . . . . . . . | 65,000 | . | 63,640 | 7 |
| | 2) für die Artillerieausrüstung . . . . . . | 118,741 | 56 | 38,755 | 11 |
| | 3) für Artilleriebauten . . . . . . . | 46,964 | 41 | 41,443 | 27 |
| | 4) für Proviantbauten . . . . . . . | 3,699 | 35 | 3,699 | 35 |
| | 5) für Unterkunftsbauten . . . . . . | 46,600 | . | 31,600 | . |
| | 6) für Verstärkungsbauten . . . . . . | 58,238 | 19 | 56,000 | . |
| | Hauptsumme der Einnahmen | 352,701 | 45 | 252,297 | 28 |

**Vergleichung.**

Der Voranschlag der Einnahmen beträgt . . 352,701 fl. 45 kr.
Hievon sind pro 1864 eingegangen 252,297 fl. 28 kr.
und werden zur Erhebung pro
  1865 vorbehalten . . 104,106 fl. 11 kr.    356,403 fl. 39 kr.
mithin gegen den Voranschlag mehr . . .    3,701 fl. 54 kr.
Hievon sind bestimmt:
a) für die Dotation von 1864    1,842 fl. 29 kr.
b) für die besonderen Bewilligungen    971 fl. 41 kr.
c) zur Ablieferung an die Bun-
  descasse . . . . 480 fl. 56 kr.    3,295 fl. 6 kr.

    Rest reine Mehreinnahme der Dotation    406 fl. 48 kr.

| Dieser gegen jenen | | | | Bemerkungen. | Für das Jahr 1865 werden vorbehalten | |
| mehr | | weniger | | | | |
| Gulden. | Kr. | Gulden. | Kr. | | Gulden. | Kr. |
|---|---|---|---|---|---|---|
| . | . | . | . | | | |
| 2,249 | 17 | . | . | Von der Mehreinnahme sind zu verwenden an 2,249 fl. 17 kr. a) für den außerordentlichen Aufwand der Geniedotation . . . . . 225 fl. 31 kr. b) für den ordentlichen Aufwand der Artilleriedotation . . . . . 1,616 fl. 58 kr. / 1,842 fl. 29 kr. / bleibt reine Mehreinnahme der Dotation 406 fl. 48 kr. | | |
| 961 | 41 | . | . | mit 971 fl. 41 kr. bei der Ausgabe den Bewilligungsresten zugerechnet. | | |
| 10 | . | . | . | | | |
| 54 | 36 | . | . | mit 480 fl. 56 kr. bei der Ausgabe zur Ablieferung vorgemerkt. | | |
| 426 | 20 | . | . | | | |
| . | . | 1,359 | 53 | | 1,359 | 53 |
| . | . | 79,986 | 45 | | 79,986 | 45 |
| . | . | 5,521 | 14 | zur Erhebung pro 1865 vorzumerken. | 5,521 | 14 |
| . | . | . | . | | . | . |
| . | . | 15,000 | . | | 15,000 | . |
| . | . | 2,238 | 19 | | 2,238 | 19 |
| 3,701 | 54 | 104,106 | 11 | | 104,106 | 11 |

| Titl. | Vortrag. | Voranschlag für 1864. | | Betrag der Rechnung. |
|---|---|---|---|---|
| | | Gulden. | Kr. | Gulden. |
| | **Ausgabe.** | | | |
| | **I. Dotation.** | | | |
| | **A. Für die Geniedirection** | | | |
| | 1. Ordentlicher Aufwand. | | | |
| 1. | Festungswerke | 9,645 | 58 | 9,181 |
| 2. | Thore, Brücken, Straßen und Wege | 4,320 | 30 | 3,819 |
| 3. | Festungspflanzungen | 750 | . | 720 |
| 4. | Wachtgebäude und Schilderhäuser | 1,487 | 6 | 1,274 |
| 5. | Fortifications-Magazine und Werkstätten | 888 | 15 | 720 |
| 6. | Artilleriegebäude, Werkstätten, Pulvermagazine | 1,345 | 8 | 1,092 |
| 7. | Proviantmagazine und Bäckereien | 3,760 | 48 | 3,760 |
| 8. | Caserngebäude und Stallungen | 1,880 | 30 | 1,842 |
| 9. | Hospitalgebäude | 537 | . | 513 |
| 10. | Schornstein- und Ofen-Reinigung in den Militärgebäuden | 198 | . | 197 |
| 11. | Brandversicherungs-Beiträge | 65 | . | 64 |
| 12. | Canzlei und Dienstwohnungen | | | |
| | a) bauliche Unterhaltung der Genie- und Artillerie-Directions-Canzlei | 426 | . | 358 |
| | b) Miethzins-Entschädigungen | 1,290 | . | 1,270 |
| 13. | Zulagen, Gehalte und Tagesgebühren | 2,010 | . | 2,000 |
| 14. | Canzleikosten | 580 | . | 577 |
| 15. | Festungsmanöver | 115 | 15 | 91 |
| 16. | Lasten der Einnahme | 50 | . | 27 |
| 17. | Sonstige Ausgaben | 260 | . | 141 |
| 18. | Anschaffung wissenschaftlicher Werke | 60 | . | 43 |
| | Betrag 1. | 29,669 | 30 | 27,8.. |
| | 2. Außerordentlicher Aufwand. | | | |
| 1. | Nachschaffung des im Jahre 1858—1859 verwendeten Eichenholzes | 2,346 | 3 | . |
| 2. | Anschaffung und Herstellung der in der Ludwigsfeste und Lünette 43 noch fehlenden Ventilations-Oefen, Klappen und Schuber | 2,980 | . | 2,5.. |
| 3. | Herstellung der Ventilationseinrichtung in dem Minensystem der Lünette 34 | 1,104 | . | 1,1.. |
| 4. | Instandsetzung der Gouverneurswohnung | 15,000 | . | 14,9.. |
| 5. | Reservesumme zur besonderen Verfügung der Militärcommission | 1,500 | | |
| | Hierauf wurden angewiesen: | | | |
| | a) für Beseitigung der Wandverschalungen im Proviantgebäude am Leopoldsplatze | | | 787 |
| | b) für Herstellung von Hochwasser-Beschädigungen | | | 63 |
| | c) für Lünettenreinigung | | | 460 |
| | Betrag 2. | 22,930 | 3 | 19,8.. |
| | „ 1. | 29,699 | 30 | 27,80.. |
| | Summe A. Für die Geniedirection | 52,599 | 33 | 47,6.. |
| | **B. Für die Artilleriedirection.** | | | |
| | Ordentlicher Aufwand. | | | |
| 1. | Geschützrohre | 320 | . | 216 |
| 2. | Laffetten, Rahmen und Zugehör | 400 | . | 480 |
| 3. | Ladezeug und Geschützzugehör | 247 | 22 | 252 |
| 4. | Bettungen | 437 | 21 | 435 |
| | Seitenbetrag | 1,404 | 43 | 1,4.. |

| Dieser gegen jenen | | | | Bemerkungen. | Für das Jahr 1865 werden vorbehalten | |
| mehr | | weniger | | | | |
| Gulden. | Kr. | Gulden. | Kr. | | Gulden. | Kr. |
|---|---|---|---|---|---|---|
| | | | | **Zu I. A. 1.** | | |
| . | . | 464 | 45 | Voranschlag . . . . . . 29,669 fl. 30 kr. | 464 | 45 |
| . | . | 500 | 47 | Hievon sind: | 500 | 47 |
| . | . | 23 | 24 | a) wirklich verausgabt 27,806 fl. 2 kr. | . | . |
| . | . | 212 | 33 | b) zur Verwendung für | . | . |
| | | | | 1865 vorbehalten 1,105 fl. 1 kr. 28,911 fl. 3 kr. | | |
| . | . | 161 | 33 | mithin Ersparniß . . . . . 758 fl. 27 kr. | 100 | . |
| . | . | 252 | 16 | | . | . |
| . | . | . | . | | . | . |
| . | . | 37 | 32 | | . | . |
| . | . | 17 | 31 | | . | . |
| . | . | . | 14 | | . | . |
| . | . | . | 42 | | . | . |
| . | . | 30 | 54 | | . | . |
| . | . | 19 | 4 | | . | . |
| . | . | 10 | . | | . | . |
| . | . | 2 | 6 | | . | . |
| . | . | 23 | 27 | | 23 | 27 |
| 27 | 34 | . | . | | . | . |
| . | . | 118 | 12 | | . | . |
| . | . | 16 | 2 | | 16 | 2 |
| 27 | 34 | 1,891 | 2 | | 1,105 | 1 |
| | | | | **Zu I. A. 2.** | | |
| . | . | 2,346 | 3 | Zu den ursprünglich verwilligten . . 7,930 fl. 3 kr. | 2,571 | 34 |
| | | | | kamen nach Bundesbeschluß vom 18. Februar | | |
| | | | | 1864 für Titel 4 . . . . 1,500 fl. — kr. | | |
| | | | | und sind für die Vorbehalte des Titels 1 die | | |
| . | . | 479 | 43 | entsprechenden Mehr-Einnahmen beizu- | | |
| | | | | ziehen mit . . . . . 225 fl. 31 kr. | | |
| . | . | 2 | 15 | mithin standen zur Verfügung . . . 23,155 fl. 34 kr. | . | . |
| . | . | 69 | 53 | Hievon sind: | 69 | 53 |
| | | | | a) wirklich verausgabt 19,872 fl. 12 kr. | | |
| | | | | b) für 1865 aufrecht | | |
| | | | | erhalten . . 2,641 fl. 27 kr. 22,513 fl. 39 kr. | | |
| | | | | Rest-Ersparniß . . . . . 641 fl. 55 kr. | | |
| . | . | 159 | 57 | hiezu die Erübrigung des ordentlichen Aufwands 758 fl. 27 kr. | . | . |
| | | | | Zusammen Ersparniß . . . . 1,400 fl. 22 kr. | | |
| . | . | 3,057 | 51 | | 2,641 | 27 |
| 27 | 34 | 1,891 | 2 | | 1,105 | 1 |
| 27 | 34 | 4,948 | 53 | | 3,746 | 28 |
| | | | | **Zu I. B.** | | |
| . | . | 24 | 8 | Zu der Bewilligung von . . . . 8,854 fl. 21 kr. | . | . |
| 90 | 9 | . | . | sind die den Restvorbehalten entsprechenden | . | . |
| 10 | 13 | . | . | Mehreinnahmen zu ziehen mit . . 1,616 fl. 58 kr. | 50 | 21 |
| . | . | 3 | 34 | 10,471 fl. 19 kr. | . | . |
| 100 | 22 | 27 | 42 | | 50 | 21 |

| Titel. | Vortrag. | Voranschlag für 1864. | | Betrag laut Rechnung. | |
|---|---|---|---|---|---|
| | | Gulden. | Kr. | Gulden. | Kr. |
| | Uebertrag | 1,404 | 43 | 1,477 | [illegible] |
| 5. | Munition und Feuerwerkskörper | 3,767 | 28 | 3,645 | [illegible] |
| 6. | Maschinen und Instrumente | 30 | . | 25 | [illegible] |
| 7. | Schanzzeug | 49 | 34 | 29 | [illegible] |
| 8. | Fuhrwerke und sonstige Transportmittel | 131 | 30 | 101 | [illegible] |
| 9. | Hebezeug und Seilwerk | 89 | 28 | 51 | [illegible] |
| 10. | Einrichtung des Laboratoriums | 253 | 9 | 225 | [illegible] |
| 11. | Werkzeuge | 48 | 5 | 47 | [illegible] |
| 12. | Verschiedene Gegenstände | 265 | 35 | 252 | [illegible] |
| 13. | Hand-Feuerwaffen | 15 | . | 15 | |
| 14. | Dienstwohnungen der Artilleriedirection | 1,112 | . | 1,112 | |
| 15. | Zulagen | 1,167 | . | 1,154 | [illegible] |
| 16. | Canzleikosten | 395 | 49 | 420 | [illegible] |
| 17. | Holz- und Metall-Vorräthe | 15 | . | 11 | |
| 18. | Armirungsgegenstände | 50 | . | 85 | [illegible] |
| 19. | Anschaffung artilleristischer Werke | 60 | . | 59 | [illegible] |
| | **Summe B. Für die Artilleriedirection.** | 8,854 | 21 | 8,725 | [illegible] |

## C. Für die Wachtverwaltung.
### 1. Ordentlicher Aufwand.

| Titel. | Vortrag. | Voranschlag für 1864. | | Betrag laut Rechnung. | |
|---|---|---|---|---|---|
| 1. | Heizung | 1,471 | 4 | 1,322 | [illegible] |
| 2. | Beleuchtung | 1,288 | 46 | 1,288 | [illegible] |
| 3. | Reinigung | 94 | 48 | 76 | [illegible] |
| 4. | Wachtgeräthe und deren Unterhaltung | 200 | . | 199 | [illegible] |
| 5. | Schreibmaterialien der Wachen | 188 | 56 | 172 | [illegible] |
| 6. | a) Zulagen für 2 Wachtaufseher | 72 | . | 72 | |
| | b) Tag- und Fuhrlöhne | 8 | . | . | |
| | Betrag 1. | 3,323 | 34 | 3,131 | [illegible] |

### 2. Außerordentlicher Aufwand.

| Titel. | Vortrag. | Voranschlag für 1864. | | Betrag laut Rechnung. | |
|---|---|---|---|---|---|
| 1. | Anschaffung von 2 Decimalwaagen | 99 | 10 | 99 | [illegible] |
| | **Summe C. Für die Wachtverwaltung.** | 3,422 | 44 | 3,230 | [illegible] |

## D. Für die Canzleiverwaltung der oberen Festungsbehörden.
### Ordentlicher Aufwand.

| Titel. | Vortrag. | Voranschlag für 1864. | | Betrag laut Rechnung. | |
|---|---|---|---|---|---|
| 1. | Heizung | 433 | 21 | 371 | [illegible] |
| 2. | Beleuchtung | 119 | 38 | 101 | [illegible] |
| 3. | Schreibmaterialien, Drucksachen, Buchbinderlöhne | 275 | . | 186 | [illegible] |
| 4. | Canzleigeräthe und deren Unterhaltung | 60 | . | 55 | [illegible] |
| 5. | Porto | 10 | . | 15 | [illegible] |
| 6. | Zeitungen | 80 | . | 72 | [illegible] |
| 7. | Gehalte und Zulagen | 1,116 | . | 1,032 | [illegible] |
| 8. | Miethzins-Entschädigungen | 2,480 | . | 2,480 | |
| 9. | Anschaffung wissenschaftlicher Werke für die Administration | 37 | 45 | 8 | [illegible] |
| 10. | Remunerationen aus den Canzleiersparnissen | . | . | 150 | |
| | Betrag 1. | 4,611 | 44 | 4,484 | [illegible] |

### 2. Außerordentlicher Aufwand.

| Titel. | Vortrag. | Voranschlag für 1864. | | Betrag laut Rechnung. | |
|---|---|---|---|---|---|
| 1. | Anschaffung der Einrichtungsgegenstände für zwei weitere Dienstzimmer des Festungsgouvernements | 159 | . | 131 | [illegible] |
| | **Summe D. Für die Canzleiverwaltung** | 4,770 | 44 | 4,615 | [illegible] |

## E. Für die Casern- und Hospital-Verwaltung.
### 1. Ordentlicher Aufwand.

| Titel. | Vortrag. | Voranschlag für 1864. | | Betrag laut Rechnung. | |
|---|---|---|---|---|---|
| 1. | Unterhaltung der Casernirungsvorräthe | 70 | . | 69 | [illegible] |
| 2. | Unterhaltung der Hospitalvorräthe | 30 | . | 27 | [illegible] |
| 3. | Füllung der Eisgrube | 130 | . | 126 | [illegible] |
| | Seitenbetrag | 230 | . | 222 | [illegible] |

| Dieser gegen jenen | | | | Bemerkungen. | Für das Jahr 1865 werden vorbehalten | |
|---|---|---|---|---|---|---|
| mehr | | weniger | | | | |
| Gulden. | Kr. | Gulden. | Kr. | | Gulden. | Kr |
| 100 | 22 | 27 | 42 | Hievon sind | 50 | 21 |
| | | 101 | 31 | a) bereits verausgabt . 8,725 fl. 9 kr. | | |
| | | 4 | 36 | b) für 1865 vorbehalten 1,616 fl. 58 kr.   10,342 fl. 7 kr. | 1,566 | 37 |
| | | 29 | 24 | mithin Ersparniß   129 fl. 12 kr. | | |
| | | 30 | 18 | Die Restvorbehalte betreffen den Wiederersatz der an die Be- | | |
| | | 38 | 10 | satzungs-Contingente gegen Vergütung des Anschaffungswerths | | |
| | | 27 | 37 | abgegebenen Munition x. | | |
| | | 1 | 3 | | | |
| | | 12 | 46 | | | |
| | | 12 | 30 | | | |
| 25 | 5 | 4 | | | | |
| 35 | 1 | | 3 | | | |
| 160 | 28 | 289 | 40 | | 1,616 | 58 |
| | | | | **Zu I. C.** | | |
| | | 148 | 59 | Die nicht zur Verausgabung gelangten 192 fl. 24 kr. sind reine | | |
| | | | 10 | Ersparnisse. | | |
| | | 18 | 28 | | | |
| | | | 40 | | | |
| | | 15 | 59 | | | |
| | | 8 | | | | |
| | | 192 | 16 | | | |
| | | | 8 | | | |
| | | 192 | 24 | | | |
| | | 61 | 22 | | | |
| | | 15 | 27 | **Zu I. D.** | | |
| | | 88 | 13 | Voranschlag . 4,770 fl. 44 kr. | | |
| | | | 2 | Hievon | | |
| 5 | 36 | | | a) die wirkliche Ausgabe 4,613 fl. 19 kr. | | |
| | | 7 | 14 | b) die Vorbehalte   63 fl. 57 kr.   4,677 fl. 16 kr. | | |
| | | 84 | | somit Ersparniß   93 fl. 28 kr. | 7 | 14 |
| | | 29 | 15 | | | |
| 150 | | | | | 29 | 15 |
| 155 | 36 | 285 | 33 | | 36 | 29 |
| | | 27 | 28 | | 27 | 28 |
| 155 | 36 | 313 | 1 | | 63 | 57 |
| | | | | **Zu I. E.** | | |
| | | | 59 | Voranschlag . 4932 fl. 57 kr. | | |
| | | 2 | 59 | Hievon | | |
| | | 3 | 27 | a) die wirkliche Ausgabe 2,929 fl. 7 kr. | | |
| | | 7 | 25 | b) die Restvorbehalte . 1,992 fl. 35 kr.   4,921 fl. 42 kr. | | |
| | | | | mithin Ersparniß   11 fl. 15 kr. | | |

     **38. Siz. Sep. Prot. v. 2. August 1866, Beil. 4 zu §. 66.**

| Titel. | Vortrag. | Voranschlag für 1864. | | Betrag laut Rechnung. | |
|---|---|---|---|---|---|
| | | Gulden. | kr. | Gulden. | kr. |
| | Uebertrag | 230 | . | 222 | |
| 4. | Verwaltungsaufwand für die Einrichtungsdepots . . . | 102 | . | 94 | |
| 5. | Vergütung für Unterhaltung des sichergestellten Bettzeuges für die Kriegsbesatzung und zwar: | | | | |
| | a) an die Kaiserlich-Königlich-Oesterreichische Regierung . . | 1,585 | 14 | 1,585 | |
| | b) an die Königlich-Preußische Regierung . . | 1,341 | 35 | | |
| | c) an die Großherzoglich-Badische Regierung . . | 1,023 | 8 | 1,023 | |
| 6. | Vergütung für Unterhaltung der sichergestellten Casernrequisiten: | | | | |
| | a) an die Königlich-Preußische Regierung . . | 18 | 18 | | |
| | Betrag 1. | 4,300 | 15 | 2,925 | |
| | **2. Außerordentlicher Aufwand.** | | | | |
| 1. | Reparatur im Gebrauch gestandener Bettpritschen . . . | 632 | 42 | . | |
| | Summe E.  Für die Casern- und Hospitalverwaltung . . | 4,932 | 57 | 2,929 | |

## F. Für die Proviantverwaltung.
### Ordentlicher Aufwand.

| Titel. | Vortrag. | Voranschlag für 1864. | | Betrag laut Rechnung. | |
|---|---|---|---|---|---|
| 1. | Laufende Unterhaltung der Proviantbestände . . . | 20 | . | 9 | |
| 2. | Anschaffung und Unterhaltung der Geräthschaften . . | 30 | . | 29 | |
| 3. | Miethzins-Entschädigungen für Verwaltungsbeamte . . | 350 | . | 350 | |
| 4. | Vergütung für Unterhaltung der in Auffrischung übernommenen Mehlvorräthe und zwar: | | | | |
| | a) an die Kaiserlich-Königlich-Oesterreichische Regierung . . | 920 | 18 | 920 | |
| | b) an die Königlich-Preußische Regierung . . | 722 | 48 | 722 | |
| | c) an die Großherzoglich-Badische Regierung . . | 400 | . | 263 | |
| 5. | Sonstige Ausgaben . . | 20 | . | 18 | |
| | Summe F.  Für die Proviantverwaltung . . . | 2,463 | 6 | 2,312 | |

## G. Für die Festungs-Hauptcasse.
### 1. Ordentlicher Aufwand.

| Titel. | Vortrag. | Voranschlag für 1864. | | Betrag laut Rechnung. | |
|---|---|---|---|---|---|
| 1. | Kosten für Verwaltung der Festungs-Hauptcasse . . | 840 | . | 840 | |
| | **2. Außerordentlicher Aufwand.** | | | | |
| 1. | Anschaffung zweier Dienstsiegel . . . | 27 | 10 | 27 | |
| | Summe G.  Für die Festungs-Hauptcasse . . | 867 | 10 | 867 | |
| „ | A.  Für die Geniedirection . . | 52,599 | 33 | 47,674 | |
| „ | B.  Für die Artilleriedirection . . | 8,854 | 21 | 8,759 | |
| „ | C.  Für die Wachtverwaltung . . | 3,422 | 44 | 3,339 | |
| „ | D.  Für die Canzleiverwaltung der oberen Festungsbehörden . | 4,770 | 44 | 4,632 | |
| „ | E.  Für die Casern- und Hospitalverwaltung . . | 4,932 | 57 | 2,929 | |
| „ | F.  Für die Proviantverwaltung . . | 2,463 | 6 | 2,312 | |
| | Zusammen I. Dotation . | 77,910 | 35 | 70,359 | |

## II. Besondere Bewilligungen.

### A. Für die Geniedirection.
#### a) Besondere Bauten für Zwecke der Artillerieausrüstung.

| Titel. | Vortrag. | Voranschlag für 1864. | | Betrag laut Rechnung. | |
|---|---|---|---|---|---|
| 1. | Erbauung eines Kriegs-Pulvermagazins bei der Spitze 29 einschließlich der Straßenanlagen | 3,263 | 11 | 3,091 | |
| 2. | Erbauung von zwei Kriegs-Pulvermagazinen in der Ludwigsfeste . | 4,539 | 18 | 931 | |
| 3. | Herstellungen und Verbesserungen an den Kriegs- und Friedens-Pulvermagazinen | 846 | 9 | | |
| 4. | Erbauung eines bombensichern Wagenhauses hinter der Bastion 20 | 7,190 | 29 | 4,132 | |
| 5. | Zur Verfügung der Militärcommission bleiben vorbehalten . . | 5,155 | 6 | | |
| | Betrag a)  . . | 20,994 | 13 | 8,155 | |

| Dieser gegen jenen | | | | Bemerkungen. | Für das Jahr 1865 werden vorbehalten | |
| mehr | | weniger | | | | |
| Gulden. | Kr. | Gulden. | Kr. | | Gulden. | Kr. |
|---|---|---|---|---|---|---|
| . | . | 7 | 25 | | . | . |
| . | . | 3 | 50 | Bezüglich der Restvorbehalte ist zu bemerken, daß | . | . |
| | | | | a) die Königlich-Preußische Regierung über ihr Guthaben noch keine Abrechnung gepflogen hat, und | | |
| . | . | 1,341 | 35 | b) die Reparatur der Bettpritschen auf die beabsichtigte anderweitige Unterbringung derselben ausgesetzt ist. | 1,341 | 35 |
| . | . | 18 | 18 | | 18 | 18 |
| . | . | 1,371 | 8 | | 1,359 | 53 |
| . | . | 632 | 42 | | 632 | 42 |
| . | . | 2,003 | 50 | | 1,992 | 35 |
| | | | | **Zu I. F.** | | |
| . | . | 10 | 30 | Die weniger verausgabten 151 fl. 1 kr. sind reine Ersparniß, | . | . |
| | | . | 10 | welche hauptsächlich darin ihren Grund hat, daß der Sackmehl-Vorrath der Großherzoglich-Badischen Verwaltung vorübergehend unter dem Sollstand geblieben ist. | . | . |
| . | . | 130 | 30 | | . | . |
| . | . | 9 | 51 | | . | . |
| . | . | 151 | 1 | | . | . |
| | | | | **Zu I. G.** | | |
| . | . | . | . | Der Aufwand entspricht ganz dem Voranschlag. | . | . |
| 27 | 34 | 4,948 | 53 | | 3,746 | 28 |
| 160 | 28 | 289 | 40 | | 1,616 | 58 |
| | | 192 | 24 | | | |
| 155 | 36 | 313 | 1 | | 63 | 57 |
| . | . | 2,003 | 50 | | 1,992 | 35 |
| | | 151 | 1 | | | |
| 343 | 38 | 7,898 | 49 | | 7,419 | 58 |
| | | | | **Zu II. A. a.** | | |
| . | . | 232 | 9 | Die in Titel 1 und 2 erübrigten Summen sind der Reserve-summe zugeschlagen und werden mit den für Titel 3 und 4 | . | . |
| . | . | 3,587 | 42 | noch erforderlichen Beträgen aufrecht erhalten. | . | . |
| . | . | 846 | 9 | | 846 | 9 |
| . | . | 3,038 | 5 | | 3,038 | 5 |
| . | . | 5,155 | 6 | | 8,974 | 57 |
| . | . | 12,859 | 11 | | 12,859 | 11 |

| Titel. | Vortrag. | Voranschlag für 1864. | | Betrag laut Rechnung. | |
|---|---|---|---|---|---|
| | | Gulden. | Kr. | Gulden. | |
| | **b) Besondere Bauten für Proviantzwecke.** | | | | |
| 1. | Bau von Schlachthäusern | 2,546 | 37 | 2,478 | |
| 2. | Einfriedigung des Proviantmagazins sammt Bäckerei im Schloßgarten | 1,116 | 15 | 1,097 | |
| 3. | Anschaffung von Feuerlösch-Requisiten | 222 | . | 189 | |
| 4. | Zur Verfügung der Militärcommission bleiben vorbehalten | 241 | 3 | . | |
| | Betrag b) | 4,125 | 55 | 3,764 | |
| | **c) Unterkunftsbauten für die Kriegsbesatzung.** | | | | |
| 1. | Bau des Kriegshospitals am Carlsruher Thor | 27,724 | 46 | 22,935 | |
| 2. | Einrichtungen im Dürr'schen Hause und Abhebung des Gartens daselbst auf das Niveau der Carlsruher Straße | 1,319 | 26 | 1,281 | |
| 3. | Bau einer Stallung für 84 Pferde | 28,077 | 4 | 24,784 | |
| 4. | Anschaffung von Feuerlösch-Requisiten | 222 | . | 189 | |
| 5. | Verschiedene Herstellungen in Unterkunftsbauten | 1,593 | 36 | . | |
| 6. | Zur Verfügung der Militärcommission bleiben vorbehalten | 13,830 | 52 | . | |
| | Betrag c) | 72,767 | 44 | 49,193 | |
| | **d) Fortificatorische Verstärkungsbauten.** | | | | |
| 1. | Bau einer Stauschleuße an der Murg oberhalb der Stadt vom Carlsruher Thor nach der Spitze 29 | 27,935 | 1 | 23,090 | |
| 2. | Herstellung von 172 neuen Erdtraversen und Verstärkung der schon bestehenden | 2,080 | . | 2,073 | |
| 3. | Bauführungskosten | 6,994 | 5 | 1,692 | |
| 4. | Anschaffung von Feuerlösch-Requisiten | 1,685 | 50 | 1,436 | |
| 5. | Zur Verfügung der Militärcommission bleiben vorbehalten | 2,119 | 22 | . | |
| | Betrag d) | 40,814 | 18 | 28,193 | |
| | „ a) | 20,994 | 13 | 8,135 | |
| | „ b) | 4,125 | 55 | 3,764 | |
| | „ c) | 72,767 | 44 | 49,193 | |
| | Summe A. Für die Geniedirection | 138,702 | 10 | 89,288 | |
| | **B. Für die Artilleriedirection.** | | | | |
| | **a) Vervollständigung und Verstärkung der Artillerieausrüstung.** | | | | |
| 1. | Geschützrohre | 756 | . | 151 | |
| 2. | Laffetten, Rahmen und Zubehör | 4,846 | 16 | 4,830 | |
| 3. | Ladezeug und Geschützzubehör | 467 | 30 | 451 | |
| 5. | Munition und Feuerwerkskörper | 20,276 | 8 | 15,130 | |
| 6. | Maschinen und Instrumente | 2,641 | . | 16 | |
| 7. | Schanzzeug | 838 | 9 | 838 | |
| 8. | Fahrzeuge und sonstige Transportmittel | 2,655 | 54 | 2,655 | |
| 10. | Einrichtung des Laboratoriums | 620 | . | 570 | |
| 11. | Einrichtung der Werkstätten | 1,852 | 24 | 1,838 | |
| 14. | Geschäftsbetriebs-Kosten | 153 | 21 | 53 | |
| 18. | Holz- und Metallvorräthe | 135 | 34 | 155 | |
| 20. | Zur Verfügung der Militärcommission bleiben vorbehalten | 448 | 45 | . | |
| | Betrag a) | 35,691 | 1 | 26,743 | |
| | **b) Aufwand wegen Einführung der gezogenen Geschütze.** | | | | |
| 1. | Geschützrohre | 10,531 | 22 | 1 | |
| 2. | Laffetten, Rahmen und Zubehör | 2,100 | . | . | |
| 3. | Ladezeug und Geschützzubehör | 1,962 | 57 | 564 | |
| 5. | Munition und Feuerwerkskörper | 48,071 | 10 | 8,775 | |
| 10. | Einrichtung des Laboratoriums | 96 | 39 | 78 | |
| 19. | Geschäftsbetriebs-Kosten | 313 | 39 | 313 | |
| | Seitenbetrag | 63,075 | 47 | 10,132 | |

| Dieser gegen jenen | | | | Bemerkungen. | Für das Jahr 1865 werden vorbehalten | |
|---|---|---|---|---|---|---|
| mehr | | weniger | | | | |
| Gulden. | Kr. | Gulden. | Kr. | | Gulden. | Kr. |
| | | | | **Zu II. A. b.** | | |
| · | · | 68 | · | Die Erübrigungen in Titel 1 und 2 sind mit 87 fl. 3 kr. auf | · | · |
| · | · | 19 | 3 | Titel 4 übertragen und werden mit den für Titel 3 noch | · | · |
| · | · | 33 | · | erforderlichen 33 fl. vorläufig aufrecht erhalten. | 33 | · |
| · | · | 241 | 3 | | 328 | 6 |
| · | · | 361 | 6 | | 361 | 6 |
| | | | | **Zu II. A. c.** | | |
| · | · | 4,786 | 35 | Die noch nicht verausgabten 23,574 fl. 39 kr. werden bis zu | 4,786 | 35 |
| · | · | 38 | 22 | gänzlicher Erledigung der betreffenden Positionen aufrecht er- | · | · |
| · | · | 3,292 | 14 | halten und sind die für Titel 2 nicht mehr erforderlichen | 3,292 | 14 |
| · | · | 33 | · | 28 fl. 22 kr. der Reservesumme zugesetzt worden. | 33 | · |
| · | · | 1,593 | 36 | | 1,593 | 36 |
| · | · | 13,830 | 52 | | 13,869 | 14 |
| · | · | 23,574 | 39 | | 23,574 | 39 |
| | | | | **Zu II. A. d.** | | |
| · | · | 4,854 | 25 | Die nicht verwendeten 12,619 fl. 14 kr. werden vorbehalten | 4,854 | 25 |
| · | · | 4 | 51 | und sind die für Titel 2 und 3 nicht mehr erforderlichen | · | · |
| · | · | 5,891 | 35 | 5,396 fl. 26 kr. vorläufig auf die Reserve übertragen werden. | · | · |
| · | · | 249 | 1 | | 249 | 1 |
| · | · | 2,119 | 22 | | 7,515 | 48 |
| · | · | 12,619 | 14 | | 12,619 | 14 |
| · | · | 12,859 | 11 | | 12,859 | 11 |
| · | · | 361 | 6 | | 361 | 6 |
| · | · | 23,574 | 39 | | 23,574 | 39 |
| · | · | 49,414 | 10 | | 49,414 | 10 |
| | | | | **Zu II. B. a.** | | |
| · | · | 604 | 16 | Zu den voranschlagsmäßigen   ·  ·  ·   35,691 fl. 1 kr. | 604 | 16 |
| · | · | 15 | 45 | kommen die eigenen Einnahmen mit   ·  961 fl. 41 kr. | · | · |
| · | · | 12 | 20 | 36,652 fl. 42 kr. | 12 | 20 |
| · | · | 5,080 | 24 | hievon sind verausgabt  · · · ·   26,742 fl. — kr. | 4,186 | 42 |
| · | · | 2,624 | 25 | und werden künftiger Verwendung vorbehalten   9,910 fl. 42 kr. | 2,624 | 25 |
| · | · | · | · | | · | · |
| · | · | · | · | | 10 | · |
| · | · | 49 | 16 | | 7 | · |
| · | · | 14 | 19 | | 14 | 19 |
| · | · | 99 | 37 | | 99 | 37 |
| · | 6 | · | · | | 13 | 44 |
| · | · | 448 | 45 | | 2,338 | 19 |
| · | 6 | 8,949 | 7 | | 9,910 | 42 |
| | | | | **Zu II. B. b.** | | |
| · | · | 10,529 | 37 | Zu den in das Jahr 1864 übergegangenen  ·  73,212 fl. 23 kr. | 10,565 | 37 |
| · | · | 2,100 | · | kamen nach Bundesbeschluß vom 17. Dez. | 2,100 | · |
| · | · | 998 | 57 | die aus dem Mainzer Ausrüstungsfond | 4,534 | · |
| · | · | 39,295 | 57 | hieher übertragenen  · · · ·   9,226 fl. — kr. | 39,298 | 9 |
| · | · | 18 | 28 | mithin standen zur Verfügung  · · ·   82,438 fl. 23 kr. | · | · |
| · | · | · | · | hievon wurden pro 1864 verwendet  ·  14,903 fl. 1 kr. | · | · |
| · | 6 | 52,942 | 59 | und sind pro 1865 aufrecht zu erhalten  ·  67,535 fl. 22 kr. | 56,497 | 46 |

| Titel. | Vortrag. | Voranschlag für 1864. | | Betrag laut Rechnung. | |
|---|---|---|---|---|---|
| | | Gulden. | Kr. | Gulden. | |
| | Uebertrag | 63,075 | 47 | 10,132 | |
| 20. | Schießversuche bei Forchheim | 6,900 | . | 4,629 | |
| 22. | Verschiedene Ausgaben | 342 | 45 | 141 | |
| 23. | Zur Verfügung der Militärcommission bleiben vorbehalten | 12,119 | 51 | . | |
| | Betrag b) | 82,438 | 23 | 14,903 | |
| | „ a) | 35,691 | 1 | 26,742 | |
| | Summe B. Für die Artilleriedirection | 118,129 | 24 | 41,645 | |
| | **C. Für die Proviantverwaltung.** | | | | |
| 1. | Zusammenlegen und Deponiren von 3,000 Mehlfässern | 400 | . | 216 | |
| 2. | Zur Verfügung der Militärcommission bleiben vorbehalten | 28 | 56 | . | |
| | Summe C. Für die Proviantverwaltung | 428 | 56 | 216 | |
| | „ A. Für die Geniedirection | 138,702 | 10 | 89,268 | |
| | „ B. Für die Artilleriedirection | 118,129 | 24 | 41,645 | |
| | Zusammen II. Besondere Bewilligungen | 257,260 | 30 | 131,149 | |
| | Hierzu I. Dotation | 77,910 | 35 | 70,355 | |
| | Summe I und II | 335,171 | 5 | 201,540 | |
| | **III. Uneigentliche Ausgaben.** | | | | |
| 1. | An die Bundescasse abzuliefern und zwar: | | | | |
| | a) für den Fond der Unterkunftseinrichtung | 79 | 18 | 79 | |
| | b) für den Fond der Proviantirung | 2,000 | . | 2,000 | |
| | c) für den Fond der fortificatorischen Armirung | 5,492 | . | 5,492 | |
| | d) für den Fond der artilleristischen Armirung | 49 | 22 | 49 | |
| 2. | Eiserner Bestand der Festungs-Hauptcasse | 10,000 | . | . | |
| | Zusammen III. Uneigentliche Ausgaben | 17,530 | 40 | 7,530 | |
| | Hauptsumme der Ausgaben | 352,701 | 45 | 209,035 | |

## Vergleichung.

| | | | |
|---|---|---|---|
| Der Voranschlag der Ausgaben beträgt | | 352,701 | 45 |
| Hiezu die vornen nachgewiesenen und den Restvorbehalten zugerechneten Mehr-Einnahmen | | 3,295 | 6 |
| | | 355,996 | 51 |
| Hievon a) die wirkliche Ausgabe pro 1864 . . 209,035 fl. 9 kr. | | | |
| b) die Vorbehalte für 1865 . . 144,984 fl. — kr. | | 354,019 | 9 |
| Mithin Weniger-Ausgabe | | 1,977 | 42 |
| bestehend in den Ersparnissen der Dotation und zwar: | | | |
| a) bei der Geniedirection | 1,400 fl. 22 kr. | | |
| b) bei der Artilleriedirection | 129 fl. 12 kr. | | |
| c) bei der Wachtverwaltung | 192 fl. 24 kr. | | |
| d) bei der Canzleiverwaltung | 93 fl. 26 kr. | | |
| e) bei der Casernenverwaltung | 11 fl. 15 kr. | | |
| f) bei der Proviantverwaltung | 151 fl. 1 kr. | | |
| | | 1,977 | 42 |

Spaltenüberschriften: **Dieser gegen jenen** — *mehr* (Gulden | Kr.) und *weniger* (Gulden | Kr.); **Bemerkungen.**; **Für das Jahr 1865 werden vorbehalten** (Gulden | Kr.).

| mehr Gulden | Kr. | weniger Gulden | Kr. | Bemerkungen. | Gulden | Kr. |
|---|---|---|---|---|---|---|
| · | · | 52,942 | 59 |  | 56,497 | 46 |
| · | · | 2,270 | 48 |  | 2,270 | 48 |
| · | · | 201 | 44 |  | 202 | 45 |
| · | · | 12,119 | 51 |  | 8,564 | 3 |
| · | · | 67,535 | 22 |  | 67,535 | 22 |
| · | 6 | 8,949 | 7 |  | 9,910 | 42 |
| · | 6 | 76,484 | 29 |  | 77,446 | 4 |
|  |  |  |  | Zu II. C. |  |  |
| · | · | 183 | 56 | Die nicht verwendeten . . . 212 fl. 52 kr. | · | · |
|  |  | 28 | 56 | können sammt der eigenen Einnahme mit . 10 fl. — kr. |  |  |
| · | · | 212 | 52 | also zusammen mit . . . 222 fl. 52 kr. | · | · |
| · | · | 49,414 | 10 | als nicht mehr erforderlich an die Bundescasse | 49,414 | 10 |
| · | 6 | 76,484 | 29 | für den Proviantfond abgeliefert werden. | 77,446 | 4 |
| · | 6 | 126,111 | 31 |  | 126,860 | 14 |
| 343 | 38 | 7,898 | 49 |  | 7,419 | 58 |
| 343 | 44 | 134,010 | 20 |  | 134,280 | 12 |
| · | · | · | · | Ferner sind abzuliefern die Einnahmen pro 1864 mit . | 54 | 36 |
| · | · | · | · | „ „ „ die Einnahmen und Erübrigungen pro 1864 | 222 | 52 |
| · | · | · | · | „ „ „ die Einnahmen pro 1864 . | 426 | 20 |
|  |  | 10,000 | · | pro 1865 vorzumerken . | 10,000 | · |
| · | · | 10,000 | · |  | 10,703 | 48 |
| 343 | 44 | 144,010 | 20 |  | 144,984 | · |

## Buch-Abschluß.

| Bemerkungen. | Gulden | Kr. |
|---|---|---|
| Wirkliche Einnahme pro 1864 . . . . . . | 252,297 | 28 |
| Wirkliche Ausgabe pro 1864 . . . . . | 209,035 | 9 |
| Cassenrest am 1. Januar 1865 . . . . . | 43,262 | 19 |
| und zwar bei der Festungs-Hauptcasse . 42,291 fl. 38 kr. |  |  |
| bei der Baucasse (inclusive 770 fl. 41 kr. Vorschußguthaben) . . . . 970 fl. 41 kr. | 43,262 | 19 |
| Hiezu die Einnahme-Reste mit . . . . . | 104,106 | 11 |
| Zusammen . . . | 147,368 | 30 |
| Hierauf haften die Ausgabe-Reste mit . . . . . | 144,984 | · |
| mithin Ueberschuß . . | 2,384 | 30 |
| und zwar: |  |  |
| Mehr-Einnahme der Dotation . . . 406 fl. 48 kr. |  |  |
| Weniger-Ausgabe . . . . 1,977 fl. 42 kr. | 2,384 | 30 |

Frankfurt a/M., den 23. Januar 1865.

# Neun und dreißigste Sitzung.

Geschehen Augsburg, den 4. August 1866.

## In Gegenwart:

Von Seiten **Oesterreichs**: des von dem Kaiserlich-Königlich-Oesterreichischen Präsidirenden Herrn Gesandten Freiherrn von Kübeck substituirten Königlich-
Bayerischen Herrn Bundestags-Gesandten Freiherrn von Schrenk;

Von Seiten **Bayerns**: des Königlichen Herrn Staatsraths Freiherrn von
Schrenk;

Von Seiten **Sachsens**: des Königlichen Herrn Geheimen Raths von Bose;

Von Seiten **Hannovers**: des Königlichen Herrn Geheimen Legationsraths von
Heimbruch;

Von Seiten **Württembergs**: des Königlichen Herrn Staatsministers Freiherrn
von Linden;

Von Seiten **Kurhessens**: des Kurfürstlichen Herrn Staatsraths von Meyer;

Von Seiten des **Großherzogthums Hessen**: des Großherzoglichen Herrn
Geheimen Legationsraths von Biegeleben;

Von Seiten der **dreizehnten Stimme für Nassau**: des Herzoglich-Nassauischen
Herrn Staatsministers Prinzen zu Sayn-Wittgenstein-Berleburg;

Von Seiten der **sechzehnten Stimme**: des Herrn wirklichen Geheimen Raths
Freiherrn von Linde;

Von Seiten der **siebenzehnten Stimme**: des substituirten Königlich-Sächsischen
Herrn Bundestags-Gesandten von Bose;

und meiner, des Kaiserlich-Königlich-Oesterreichischen Legationsraths und Bundescanzlei-Directors Ritters von Dumreicher.

## §. 250.

### Substitutionen.

**Der Königlich-Bayerische Herr Gesandte** zeigt an, daß seine Substitution im Präsidium und für die Oesterreichische Stimme, deßgleichen jene des Königlich-Sächsischen Herrn Gesandten für die siebenzehnte Stimme fortwähre.

## §. 251.

### Provisorische Verlegung des Sitzes der Bundesversammlung nach Augsburg.
(36. Sitz. §. 232 v. J. 1866.)

**Präsidium** legt ein heute aus Frankfurt eingelangtes Schreiben des Königlich-Niederländischen, Großherzoglich-Luxemburgischen Herrn Bundestags-Gesandten Staatsraths von Scherff vom 15. v. M. vor, in welchem derselbe in Erwiederung auf das Circularschreiben in Betreff der provisorischen Verlegung des Sitzes der Bundesversammlung nach Augsburg mittheilt, daß er angewiesen sei, der hohen Versammlung für den Fall, als dieselbe ihren Sitz anderswohin verlegen sollte, nicht zu folgen, sondern an deren bisherigen Sitze in Frankfurt zu verbleiben.

## §. 252.

### Waffenstillstand zwischen Oesterreich, Bayern, Württemberg, Baden und Großherzogthum Hessen einerseits und Preussen andererseits.

**Präsidium** eröffnet, daß Seine Königliche Hoheit der Feldmarschall Prinz Carl von Bayern, laut einer telegraphischen Anzeige desselben vom gestrigen Tage, dem Gouverneur der Bundesfestung Mainz mitgetheilt habe, es sei zwischen Oesterreich, Bayern, Württemberg, Baden und Großherzogthum Hessen einerseits und Preussen andererseits seit 2. August Waffenstillstand, welcher auch für Mainz gültig sei.

## §. 253.

### Enthebung Seiner Königlichen Hoheit des Feldmarschalls Prinzen Carl von Bayern von dem ihm durch Bundesbeschluß vom 27. Juni 1866 übertragenen Oberbefehl.
(30. Sitz. §. 199 v. J. 1866.)

**Präsidium** bringt ein Schreiben Seiner Königlichen Hoheit des Feldmarschalls Prinzen Carl von Bayern, d. d. Kitzingen, den 3. August 1866, zur Kenntniß, welches folgendermaßen lautet:

„Hochwohlgeborener Freiherr! Nachdem die zum 8. Bundes-Armeecorps gehörige Großherzoglich-Badische Division von freien Stücken aus demselben geschieden ist und die Abgesandten der Regierungen von Württemberg und Großherzogthum Hessen einen ihre zu diesem Armeecorps gehörige Truppen sicherstellenden dreiwöchigen Waffenstillstand nebst Demarcationslinie und vorbehaltlich ihrer bis zum 9. l. M. abzugebenden Erklärung, ob die Truppen von Württemberg und Großherzogthum Hessen in Bayern verbleiben oder in ihre Länder zurückkehren werden, abgeschlossen haben, — sehe ich mich veranlaßt, den mir durch Bundesbeschluß übertragenen Oberbefehl, welcher nach den jüngsten Ereignissen ohnedem thatsächlich nicht mehr besteht, hiermit niederzulegen und an hohe Bundesverfammlung das ergebenfte Erfuchen zu ftellen, mich von diefem Oberbefehle geneigteft entheben zu wollen. Indem ich mir demgemäß erlaube, Eurer Excellenz gefällige Vermittlung hiefür in Anfpruch zu nehmen, erfuche ich Sie, der hohen Bundesverfammlung gleichzeitig mit diefem meinem Gefuche meinen Dank für das in mich gefetzte ehrenvolle Vertrauen ausdrücken zu wollen. Schließlich erfcheint es mir im Intereffe der Sache wünfchenswerth, daß unmittelbar nach Genehmigung meines Enthebungsgefuches den mir noch unterftehenden Bundesfeftungen die erforderliche Mittheilung Seitens hoher Bundesverfammlung gemacht werde. Empfangen Euere Excellenz bei diefem Anlaffe die wiederholte Verficherung meiner ausgezeichneten Hochachtung."

In Anbetracht des zur Zeit beftehenden Waffenftillftandes beantragt Präfidium nur:

Hohe Bundesverfammlung wolle

1) Seine Königliche Hoheit den Feldmarfchall Prinzen Carl von Bayern, dem durch Schreiben vom 3. d. M. geäußerten Wunfche entfprechend, von dem durch Bundesbefchluß vom 27. Juni d. J. übertragenen Oberbefehl unter dem Ausdrucke des verbindlichften Dankes für deffen Uebernahme entheben;

2) Präfidium ermächtigen, Seiner Königlichen Hoheit dem Prinzen Carl von Bayern, fowie dem Commandanten des 8. Bundes-Armeecorps und den betreffenden Bundes-Feftungsgouvernements hiervon Kenntniß zu geben;

3) die Bundes-Militärcommiffion hiervon gleichfalls verftändigen.

Der Präfidialantrag wurde unter allfeitiger Zuftimmung zum Befchluffe erhoben.

## §. 254.
### Austritt Braunschweigs aus dem Deutschen Bunde.

**Dreizehnte Stimme für Braunschweig.** Der feither für Braunfchweig fubftituirt gewefene Großherzoglich-Heffifche Gefandte ift durch einen erft geftern hier angelangten Erlaß des Herzoglichen Staatsminifteriums vom 24. v. M. zu der Erklärung beauftragt worden, daß Braunfchweig aus dem bisherigen Bunde ausfcheide, da die Herzogliche Regierung der Anficht fein müffe, daß in Folge der neueften Ereigniffe, insbefondere nachdem Preuffen und mit diefem eine Mehrzahl anderer deutfchen Regierungen aus dem Bunde ausgetreten feien, es demfelben an den nothwendigen Vorausfetzungen des Fortbeftehens fehle.

Auf **Präfidialvorfchlag** legte **die Bundesverfammlung** diefer Anzeige gegenüber wie in früheren ähnlichen Fällen Verwahrung in Betreff der Rechte des Bundes ein.

## §. 255.
### Bundesgarnifonen in Mainz, Raftatt und Ulm.
(38. Sitz. §. 244 v. J. 1866.)

**Präfidium** hält Umfrage über den in der letzten Sitzung von der Königlich-Bayerifchen Gefandtfchaft eingebrachten Antrag bezüglich der Rückkehr der Truppen der norddeutfchen Staaten, welche fich bisher noch in Ulm, Raftatt und Mainz befinden, in die Heimath.

**Oesterreich.** Der substituirte Gesandte hält sich in Ermangelung von Instruction das Protokoll offen.

**Bayern.** Der Gesandte stimmt in Anbetracht der notorischen thatsächlichen Verhältnisse dem Antrage zu.

**Königreich Sachsen.** Der Gesandte schließt sich dieser Abstimmung an.

**Hannover:** deßgleichen.

**Württemberg:** ebenso.

**Kurhessen.** Wenn der Gesandte auch nicht bezweifelt, daß Seine Königliche Hoheit der Kurfürst, sein allergnädigster Herr, damit einverstanden ist, daß den in den Bundesfestungen befindlichen norddeutschen Truppen, welche von ihren Kriegsherren zurückberufen werden, in Beziehung auf ihren Ausmarsch kein Hinderniß entgegengestellt werde, so glaubt derselbe doch der Abstimmung sich enthalten zu sollen.

**Großherzogthum Hessen:** wie Bayern.

**Dreizehnte Stimme.** Der Gesandte stimmt dem Antrage zu.

**Sechzehnte Stimme:** hält sich das Protokoll offen.

**Siebenzehnte Stimme:** wie Bayern.

Hierauf erfolgte der

B e s c h l u ß:

1) in Anbetracht der notorischen thatsächlichen Verhältnisse der sofortigen Rückkehr in die Heimath der Truppen der norddeutschen Staaten, welche sich bisher noch in Ulm, Rastatt und Mainz befinden, kein Hinderniß in den Weg zu legen und denselben den Marsch in die Heimath, unter Anwendung der üblichen Verpflegungssätze, zu gestatten;

2) der Militärcommission und den Festungsgouvernements hiervon Kenntniß zu geben.

## §. 256.

### Verzeichniß der Eingaben.

Die Eingabe

Num. 21 (eingeg. am 3. August und dat. Segeberg in Holstein, den 15. Juli 1866) Bitte des Hauptmanns Wasson von der vormaligen Schleswig-Holsteinischen Armee um Auszahlung der ihm durch Bundesbeschluß bewilligten Unterstützung von 700 Gulden für das erste Halbjahr 1866 durch die Bundescasse, nachdem die bisher von der Königlich-Hannöverischen Generalcasse geleistete Zahlung bis auf Weiteres sistirt worden, —

wurde der Bundescassen-Verwaltung zugewiesen.

Schrenk.
Bose.
Heimbruch.
Linden.
Meyer.
Biegeleben.
Wittgenstein.
Linde.

# Vierzigste Sitzung.

Geschehen Augsburg, den 24. August 1866.

## In Gegenwart:

Von Seiten **Oesterreichs**: des Kaiserlich-Königlichen Herrn wirklichen Geheimen Raths Freiherrn von Kübeck;

Von Seiten **Bayerns**: des Königlichen Herrn Staatsraths Freiherrn von Schrenk;

Von Seiten **Sachsens**: des Königlichen Herrn Geheimen Raths von Bose;,

Von Seiten **Hannovers**: des Königlichen Herrn Geheimen Legationsraths von Heimbruch;

Von Seiten **Württembergs**: des Königlichen Herrn Staatsministers Freiherrn von Linden;

Von Seiten **Kurhessens**: des Kurfürstlichen Herrn Staatsraths von Meyer;

Von Seiten des **Großherzogthums Hessen**: des Großherzoglichen Herrn Geheimen Legationsraths von Biegeleben;

Von Seiten der **dreizehnten Stimme**: des Herzoglich-Nassauischen Herrn Staatsministers Prinzen zu Sayn-Wittgenstein-Berleburg;

Von Seiten der **sechzehnten Stimme**: des Herrn wirklichen Geheimen Raths Freiherrn von Linde;

und meiner, des Kaiserlich-Königlich-Oesterreichischen Legationsraths und Bundescanzlei-Directors Ritters von Dumreicher.

## §. 257.

**Abberufung des Königlich-Niederländischen Großherzoglich-Luremburgischen Bundes-tags-Gesandten Herrn Staatsraths von Scherff.**

(39. Sch. S. 251 v. J. 1866.)

**Präsidium** legt ein ihm zugegangenes Schreiben des Königlich-Niederländischen Großherzoglich-Luremburgischen Bundestags-Gesandten Herrn Staatsraths von Scherff, d. d. Frankfurt a. M., den 10. August 1866, vor, welches folgendermaßen lautet:

„Hochwohlgeborner Freiherr,

Hochzuverehrender Herr wirklicher Geheimer Rath und Bundes-Präsidialgesandter!

Nachdem Seine Majestät der König, Großherzog von Luremburg, den Entschluß gefaßt haben, Allerhöchstihren Gesandten bei der Bundesversammlung für das Großherzogthum Luremburg von dieser Stelle zurückzuziehen, bin ich von Seiten der Großherzoglichen Regierung angewiesen worden, jede geschäftliche Beziehung zu dieser hohen Versammlung zu beendigen und Eure Excellenz hiervon mit dem ergebensten Ersuchen in Kenntniß zu setzen, gedachter hoher Versammlung davon in geeigneter Weise Mittheilung machen zu wollen.

Indem ich mich andurch des mir geworbenen hohen Auftrages zu entledigen die Ehre habe, benutze ich diese Gelegenheit, um Eurer Excellenz und den übrigen verehrten Mitgliedern der hohen Versammlung für das mir stets erwiesene ehrenvolle Vertrauen meinen verbindlich wärmsten Dank auszudrücken und mich zu fernerem wohlwollenden Andenken angelegentlichst zu empfehlen.

In den Gesinnungen aufrichtiger Verehrung und Ergebenheit, beehre ich mich" rc. rc.

## §. 258.

**Austritt von Reuß älterer Linie aus dem Deutschen Bunde.**

**Sechzehnte Stimme für Reuß älterer Linie.** Der Gesandte ist durch ein Schreiben der Fürstlich-Reußischen Regierung älterer Linie vom 5., eingetroffen am 9. d. M., beauftragt, die Erklärung des Austrittes der Durchlauchtigsten Fürstin aus dem Deutschen Bunde abzugeben.

## §. 259.

**Rücknahme der Substitution des Bundestags-Gesandten der freien Stadt Frankfurt.**

**Königreich Sachsen.** In Folge einer Mittheilung des früheren Großherzoglich-Badischen Bundestags-Gesandten hat der Gesandte hoher Bundesversammlung die Rücknahme der Substitution des Bundestags-Gesandten der freien Stadt Frankfurt, Herrn Senators Dr. Müller, anzuzeigen und zugleich zu bemerken die Ehre, daß die Rücknahme, ursprünglich unter dem 16. v. M. erfolgt, wegen der gestörten Verbindungen erst unter dem 9. d. M. zu seiner Kenntniß gelangt ist.

## §. 260.

Abberufung des Königlich-Spanischen außerordentlichen Gesandten und bevollmächtigten Ministers bei dem Durchlauchtigsten Deutschen Bunde Don Juan
Valera Alcalá Galiano und
Accreditirung des Legationssecretärs Herrn Lorenzo de Castellanos als interimistischen Geschäftsträger.
(25. Sitz. §. 171 v. J. 1865.)

**Präsidium** eröffnet, daß Ihre Majestät die Königin von Spanien Allerhöchstihren
bei dem Durchlauchtigsten Deutschen Bunde beglaubigten außerordentlichen Gesandten und
bevollmächtigten Minister Don Juan Valera Alcalá Galiano von diesem Posten abberufen
und daß ihm letzterer das deßfallsige Königliche Schreiben, d. d. Pallast von St. Ilde-
phonso, den 26. Juli 1866, in Ur- und Abschrift mit der Anzeige übermittelt habe, es
werde bis zum Eintreffen seines Nachfolgers, des Marquis von Remifa, der erste Legations-
secretär Herr Lorenzo de Castellanos als interimistischer Geschäftsträger fungiren.

Die Abschrift des Königlichen Schreibens wurde verlesen und nachdem nichts dabei
erinnert und das Original eröffnet worden war, wurde

b e s c h l o s s e n :

Präsidium zu ersuchen, das Königliche Abberufungsschreiben Namens des Deutschen
Bundes in herkömmlicher Weise zu beantworten.

## §. 261.

Beendigung der Thätigkeit der Deutschen Bundesversammlung und Fürsorge für
Leitung und Abwickelung der seitherigen Bundesgeschäfte.

**Präsidium.** Nachdem in Folge der Kriegsereignisse und der Friedensverhandlungen
der Deutsche Bund als aufgelöst betrachtet werden muß, beantragt Präsidium, hohe Bundesversammlung wolle beschließen:

1) ihre Thätigkeit mit der heutigen Sitzung zu beendigen;
2) hiervon die bei dem Deutschen Bunde beglaubigten Vertreter fremder Mächte, sowie
3) die Militärcommission, die Gouverneure der Bundesfestungen und den bisherigen
   Bundescommissär für Kurhessen zu benachrichtigen.

U m f r a g e.

**Oesterreich, Bayern, Königreich Sachsen und Württemberg:**
treten dem Präsidialantrage bei.

**Hannover.** Der Gesandte stimmt dem Antrage zu, indem er seinem Allerhöchsten
Souverain alle und jede aus dem Bundesvertrage und den Bundesgrundgesetzen her-
fließenden Rechte und Ansprüche vorbehält.

**Kurhessen.** Der Gesandte befindet sich in Folge der fortdauernden Gefangenhaltung
Seiner Königlichen Hoheit des Kurfürsten ohne specielle Instruction, kann indessen dem Antrage, daß die Bundesversammlung aus Anlaß der stattgehabten Ereignisse ihre Thätigkeit
einstelle, nicht widersprechen und muß seinem Allerhöchsten Mandanten alle aus dem Bundesverhältnisse herzuleitenden Rechte und Zuständigkeiten jeder Art feierlichst vorbehalten.

**Großherzogthum Hessen** und **die dreizehnte Stimme:** treten dem Präsidialantrage bei.

**Sechzehnte Stimme.** Nach den über den Fortbestand des Deutschen Bundes und der Bundesversammlung, sowie über den Austritt und über die Beendigung der Thätigkeit der deutschen Bundesversammlung eben erfolgten verschiedenen Erklärungen in dieser hohen Versammlung bleibt dem Gesandten der sechzehnten Stimme nunmehr gegenüber dem eingetretenen thatsächlichen Bestande noch übrig, für die Fürstlich-Liechtensteinische Regierung die aus dem Bundesverhältnisse zustehenden Rechte und alle sonstigen Zuständigkeiten ausdrücklich zu wahren.

Der Präsidialantrag wurde hierauf zum Beschlusse erhoben.

---

In Betreff der interimistischen Fürsorge für Leitung und Abwickelung der seitherigen Bundesgeschäfte hat die Bundesversammlung, unbeschadet der den einzelnen Regierungen zustehenden Rechte und Ansprüche an das Bundeseigenthum, sowie der in den Friedensverträgen mit Preussen wegen Auseinandersetzung des Bundeseigenthums zu treffenden Bestimmungen, einhellig

beschlossen:

1) auszusprechen, daß den früher im Bunde vereinigt gewesenen Regierungen anheimzugeben sei, baldmöglichst, etwa durch Niedersetzung einer Commission, für geeignete Vereinigung der aus dem seitherigen Bunde entsprungenen und noch nicht erledigten Verhältnisse Sorge tragen zu wollen;

2) folgende Anordnungen zu treffen:

Bis zur demnächst stattfindenden Liquidirung des Bundeseigenthums wird eine Deputation der Militärcommission die laufenden Verwaltungsgeschäfte der Bundesfestungen besorgen, wobei sie für die größtmögliche Sparsamkeit verantwortlich gemacht wird.

Bis dahin und bis zur Abwicklung des Liquidationsgeschäftes hat die Bundescanzlei-Direction in Thätigkeit zu verbleiben. Es liegt ihr zunächst die Ueberwachung der Cassegeschäfte und des Beamtenpersonals, sowie auch die Anweisung der in Folge von Bundesbeschlüssen und für die Regieverwaltung aus der Bundescasse auszuzahlenden Beträge ob.

Die in Militärangelegenheiten unumgänglich nothwendigen Zahlungsanweisungen erfolgen unter gemeinschaftlicher Zeichnung der Bundescanzlei-Direction und der Deputation der Militärcommission;

3) von diesen provisorischen Anordnungen der Militärcommission, den Gouverneuren der Bundesfestungen, der Bundescanzlei-Direction und der Bundescassen-Verwaltung Kenntniß zu geben.

## §. 262.

**Fürsorge für die Beamten, Diener und Pensionäre des Deutschen Bundes.**

Die Bundesversammlung spricht die Ueberzeugung aus, daß nicht nur die in ihr noch vertretenen Regierungen, sondern auch diejenigen, welche früher ausgeschieden sind, bereit sein werden, für sämmtliche Angestellte des Bundes, welche ihm mit Treue, Eifer und Hingebung gedient haben, Sorge zu tragen. Sie glaubt hierbei die in dem vorliegenden Promemoria*) entwickelten Gesichtspunkte und Grundsätze, nach welchen eine Pensionsliste entworfen und den Acten beigefügt worden ist**), zur Berücksichtigung empfehlen zu dürfen.

Die Bundesversammlung gibt demnach die Sorge für sämmtliche Beamten und Diener des Bundes, sowie für die vom Bunde mit Pensionen und Unterstützungen betheilten Individuen vertrauensvoll allen Regierungen anheim.

Da es keinem Zweifel unterliegen kann, daß bis auf Weiteres den Bediensteten des Bundes ihre Bezüge auszubezahlen, und daß fernerhin die auf Bundesbeschlüssen beruhenden Pensionen und Unterstützungen zu verabfolgen sind, hat die Bundesversammlung auf Präsidial-vorschlag

beschlossen:

die Bundescassen-Verwaltung anzuweisen, den Angestellten des Bundes bis auf Weiteres ihre Bezüge auszubezahlen und fernerhin die auf Bundesbeschlüssen beruhenden Pensionen und Unterstützungen zu verabfolgen.

## §. 263.

### Verzeichniß der Eingaben.

Die Eingaben

Num. 22 (eingegangen am 5. August und datirt Frankfurt a. M., den 31. Juli 1866) Bitte des Holzhändlers Eduard Lejeune um Auszahlung des Betrages von 540 Gulden für dem 8. Bundes-Armeecorps zu dem Bau einer Brücke über den Main bei Frankfurt gelieferte 600 Stück Doppeldielen;

Num. 23 (eingegangen am 9. und datirt Augsburg, den 8. August 1866) Vorstellung und Bitte des Bundescassen-Controleurs Wilhelm Ebeling bezüglich der für ihn in Anrechnung kommenden Dienstzeit im Falle einer bei den gegenwärtigen Zeitverhältnissen etwa eintretenden Pensionirung der Bundesbeamten;

Num. 24 (eingegangen am 21. und datirt München, den 20. August 1866) Danksagung der Wittwe Häffel für die Auszahlung ihres Gnadengehaltes bis zum Schlusse dieses Jahres mit Bitte um Gewährung einer Abfindungssumme ein- für allemal;

Num. 25 (eingegangen am 21. und datirt Darmstadt, den 20. August 1866) Vorstellung und Bitte des Friedrich Büdinger, Feldtelegraphisten im 8. Bundes-Armeecorps, um Auszahlung seiner Besoldung, Diäten ꝛc. während des Feldzuges 1866; und

Num. 26 a, b, c (eingegangen am 22. und datirt Miltenberg, den 20. August 1866) Vorstellungen und Gesuche der Schiffer Martin Adenbrun, Franz Jacob und Ignaz Keller um Auszahlung einer Entschädigungssumme von respective 520 Gulden 9 Kr., 369 Gulden 42 Kr. und 213 Gulden 12 Kr. für ihre zur

---

*) M. s. die Beilage 1.

**) M. s. die Beilage 2.

 40. Sitz. v. 24. August 1866, §. 263.

Herstellung einer provisorischen Schiffbrücke über den Main bei Frankfurt Seitens des 8. Bundes-Armeecorps requirirten und später zerstörten Fahrzeuge, —

wurden unter Bezugnahme auf die in heutiger Sitzung (§. 261) gefaßten Beschlüsse zu den Acten genommen.

Kübeck.
Schrenk.
Bose.
Heimbruch.
Linden.
Meyer.
Biegeleben.
Wittgenstein.
Linde.

# Beilagen 1 und 2

zu §. 262 des Protokolls der 40. Sitzung der Deutschen Bundesversammlung
vom 24. August 1866.

## Beilage 1.

## *Promemoria.*

———

Es dürfte keinem begründeten Zweifel unterliegen, daß die Bestimmungen des Bundesbeschlusses vom 6. Mai 1841 nur auf die Fälle Anwendung finden können, wo ein Bundes-
bediensteter wegen Alters, Krankheit oder eines ihm ohne sein Verschulden zugestoßenen Ge-
brechens dienstuntauglich wird, nicht aber für den nun eintretenden Fall der Auflösung des
Bundes. Dieser Fall konnte bei Fassung dieses Beschlusses nicht in's Auge gefaßt werden,
da der Bund als ein unauflöslicher Verein gegründet worden war.

Uebrigens hat die Bundesversammlung selbst in einigen Fällen von diesen Bestimmungen Umgang genommen, indem sie, wie z. B. bei der Pensionirung des Canzlei-Inspectors
Harveng, die provisorische Dienstzeit ebenso wie die seit der definitiven Anstellung anrechnete,
und bei dem Uebertritte des Rechnungsrevisors Fickel und des Oberkriegscommissärs Habermaas in den Bundesdienst selbst die Anrechnung der im Staatsdienste des Heimathlandes
erwachsenen Dienstzeit für billig erkannt hat.

Wollte man aber gleichwohl die Bestimmungen des Bundesbeschlusses vom Jahre 1841
jetzt anwenden, so würden die betreffenden Angestellten mit ihren Familien dadurch in eine
äußerst nachtheilige, von ihnen völlig unverschuldete Lage versetzt werden.

Bei dem Fortbestehen des Bundes hätten sich die Einkommensverhältnisse derselben fort-
während verbessert, entweder durch Vorrücken in höher dotirte Stellen, oder durch erworbene
Rechte auf höhere Pensionsbezüge, und es waren in der That die hierauf gegründeten Hoff-
nungen und Erwartungen bei einigen Angestellten für ihren Eintritt in den Bundesdienst maßgebend, welchem sie früher gute und gesicherte Stellungen zum Opfer brachten.

Es dürfte demnach billig erscheinen, daß selbst diejenigen Angestellten, die bei Anrechnung
der provisorischen und der definitiven Dienstzeit nicht zehn Dienstjahre zählen, diejenige Pension
erhalten, welche ihnen nach zehnjähriger Dienstzeit zuzuerkennen gewesen wäre.

Was die Wittwen- und Waisenpensionen betrifft, so dürfte es bei den Bestimmungen
vom Jahre 1841 zu belassen sein, in der Art, daß die nach einem Viertheil der Gehalte
bemessenen Wittwenpensionen alsdann voll gewährt werden, wenn keine Caution geleistet
worden ist.

Beilage 2.

# Verzeichniß

sämmtlicher Beamten und Diener

des

Deutschen Bundes.

## 1866.

| Ord. Num. | Namen und Dienststellen. | Heimath. | Zeit des Eintritts in den Bundesdienst |
|---|---|---|---|
| 1. | Bundescanzlei-Director: Alois Ritter von Dumreicher, K. K. Oesterreichischer Legationsrath . . . | Oesterreich | 19. Juni 18.. |
| 2. | Cassier: Dr. Hermann von Meyer . . . . . . | Frankfurt | 18. Juli 1837 |
| 3. | Controleur: Wilhelm Ebeling . . . . . . . | Hannover | 10. Mai 18.. |
| 4. | Rechnungsrevisor: Ludwig Fickel, Großherzoglich-Hessischer Rechnungsrath . . . . . . | Großh. Hessen | 1. Jan. 18.. |
| 5. | Registrator: Johann Daniel Leutheußer . . . . | Frankfurt | 23. Dec. 18.. |
| 6. | Secretär: Adolph Leutheußer . . . . . . | Frankfurt | 20. Aug. 18.. |
| 7. | Canzlisten: Julius Gräfer . . . . . . . | Frankfurt | 23. Sept. 18.. |
| 8. | Joseph Buchheim . . . . . . | Gebürtig aus Oesterreich, heimathberechtigt in Frankfurt | 1. Oct. 1844 |
| 9. | Johann Stedtfeld . . . . . . | Frankfurt | 28. Nov. 18.. |
| 10. | Anton Gerster . . . . . . | Nassau | 7. April 18.. |
| 11. | Heinrich Wenz . . . . . . | Nassau | 20. Juli 18.. |
| 12. | Heinrich Kornack . . . . . | Preußen | 20. Aug. 18.. |
| 13. | Canzleidiener: Eduard Bahling . . . . . | Frankfurt | 18. Aug. 18.. |
| 14. | Heinrich Siebert . . . . . | Großh. Hessen | 1. Sept. 18.. |
| 15. | Christian Schiettinger . . . . | Württemberg, jetzt Bornheim bei Frankfurt | 4. März 18.. |
| 16. | Johannes Rullmann . . . . . | Großh. Hessen | 1. Aug. 18.. |

## Militärcommission.

| Ord. Num. | Namen und Dienststellen. | Heimath. | Zeit des Eintritts in den Bundesdienst |
|---|---|---|---|
| 17. | Erster Administrationsreferent: August Habermaas, Königlich-Württembergischer Oberkriegscommissär | Württemberg | 23. Jan. 18.. |
| 18. | Revisor: Dr. Friedrich Ziegler . . . . . | Frankfurt | 15. Nov. 18.. |
| 19. | Registrator: Hubert Umber . . . . . . . | Großh. Hessen | 22. Nov. 18.. |
| 20. | Canzlisten: Martin Kasten . . . . . . . | Frankfurt | 1. Oct. 18.. |
| 21. | Leopold Sohr . . . . . . | Oesterreich | 1. Aug. 18.. |
| 22. | Wilhelm Obermayer . . . . . . | Frankfurt | 20. Sept. 18.. |
| 23. | Michael Obermayer . . . . . | Frankfurt | . . 18.. |
| 24. | Canzleidiener: Michael Himmel . . . . . . | Frankfurt | 1. Aug. 18.. |
| 25. | Georg Reichard . . . . . . | Frankfurt | 1. Aug. 18.. |
| 26. | Conrad Gasche . . . . . . | Kurhessen | 1. Juli 1861 |

| Zeit der definitiven Anstellung. | Jahresgehalt. | Pensionsbetrag nach der Zeit des Eintritts in den Bundesdienst. | Bemerkungen. |
|---|---|---|---|
| | Gulden. | Gulden. | |
| 20. Nov. 1856 | 6,000 | 1,800 | |
| 18. Juli 1837 | 3,000 | 2,000 | |
| 26. Nov. 1857 | 2,400 | 1,200 | Zu 3. Im November 1848 im Marine-Reichsministerium angestellt. |
| 22. Oct. 1863 | 2,400 | 1,200 | Zu 4. Fickel wurde am 21. September 1845 im Großherzoglich- |
| 23. Dec. 1816 | 2,000 | 2,000 | Hessischen Staatsdienst definitiv angestellt und ihm durch |
| 2. Sept. 1847 | 1,800 | 900 | Bundesbeschluß vom 18. Februar 1864 die Anrechnung |
| 18. Juni 1857 | 1,350 | 675 | seiner früheren Dienstzeit zugesichert; dessen definitive Dienst- |
| 10. Mai 1848 | 1,200 | 600 | zeit beträgt daher 21 Jahre. |
| 19. Jan. 1865 | 950 | — | Zu 5 und 6. Beide Beamte sind im Bezug einer Personal- |
| 7. April 1848 | 800 | 400 | zulage von je 300 Gulden. |
| 16. Sept. 1858 | 800 | 400 | |
| 16. Sept. 1858 | 700 | 350 | Zu 9. Würde bei einer ausgezeichneten Dienstleistung von nahezu |
| 7. April 1859 | 700 | 350 | 3 Jahren ein Pensionsbezug bewilligt, so berechnete sich |
| 7. April 1859 | 700 | 350 | derselbe für die geringste Kategorie des Bundesbeschlusses |
| | 650 | 325 | vom Jahre 1841 mit $^4/_{10}$ auf 380 Gulden. |
| | 650 | 325 | |
| 26. Febr. 1863 | 4,000 | 1,600 | Zu 17. Habermaas wurde im April 1850 im Königlich-Württem- |
| 10. Mai 1848 | 2,100 | 1,575 | bergischen Staatsdienst angestellt und ihm durch Bundes- |
| 10. Mai 1848 | 1,800 | 1,350 | beschluß vom 14. Juli 1864 die Anrechnung seiner früheren |
| 8. Sept. 1864 | 1,200 | 600 | Dienstzeit zugesichert; dessen ganze Dienstzeit beträgt daher |
| 8. Sept. 1864 | 1,050 | 525 | 16 Jahre. |
| 8. Sept. 1864 | 900 | 450 | |
| 10. Mai 1848 | 800 | 800 | |
| 8. Sept. 1864 | 750 | 375 | |
| 8. Sept. 1864 | 700 | 350 | |
| 8. Sept. 1864 | 650 | — | Zu 26. Wollte bei einer vorzüglichen Dienstleistung von 5 Jahren ein Pensionsbezug bewilligt werden, so würde derselbe für die geringste Kategorie mit $^4/_{10}$ 260 Gulden betragen. |

# Separatprotokoll

### der 40. Sitzung der Deutschen Bundesversammlung.

#### Geschehen Augsburg, den 24. August 1866.

## In Gegenwart

#### aller in der erwähnten Sitzung Anwesenden.

---

## §. 67.

### Geldmittel für das Kurfürstlich-Hessische Contingent in der Bundesfestung Mainz.

(39. Sitz. S. P. §. 55 v. J. 1866.)

**Der Königlich-Sächsische Herr Gesandte** erstattet Namens des Ausschusses in Militärangelegenheiten nachstehenden Vortrag:

**Der Königlich-Sächsische Herr Gesandte** erstattet Namens des Ausschusses in Militärangelegenheiten nachstehenden Vortrag:

Der Bundescommissär für Kurhessen, Geheimer Legationsrath von Baumbach, hat sich unter dem 14. d. M. mit einer Eingabe an die hohe Bundesversammlung gewendet und darin vorstellig gemacht, er habe von dem ihm durch Bundesbeschluß vom 2. v. M. (Separatprotokoll §. 55) bei dem Bankhause M. A. von Rothschild und Söhne zu Frankfurt a. M. eröffneten Credit von 1 Million Thalern bis jetzt nicht mehr als 180,000 Thaler erhoben. Alle Versuche, unter den dermaligen Verhältnissen weitere Geldmittel flüssig zu machen, seien vergeblich gewesen, er befinde sich daher außer Stande, die zu Bestreitung der Löhnung und Verpflegung der zur Garnison der Bundesfestung Mainz gehörigen Kurhessischen Division nöthigen Geldmittel zu beschaffen und beantrage daher:

Hohe Bundesversammlung wolle hochgeneigte Anordnung treffen, daß für die gedachten Truppen die erforderlichen Beträge an Besoldungen und Verpflegungskosten bis auf Weiteres auf Bundeskosten bestritten werden.

Bereits vor Eingang dieses Schreibens war der Ausschuß in Militärangelegenheiten in Folge wiederholter dringender Anregungen Seitens des Gouverneurs der Bundesfestung Mainz in der Lage gewesen, sich mit dieser Frage zu beschäftigen.

Aus den Anzeigen desselben hatte der Ausschuß zu entnehmen gehabt, daß sich die Kurhessischen Truppen ohne alle Geldmittel befanden; die auf Veranlassung des Ausschusses durch den Bundescommissär gethanen Schritte waren erfolglos geblieben; gleichviel durften die vom besten Geiste beseelten, im Dienste des Bundes stehenden Truppen nicht ohne Subsistenzmittel gelassen werden.

Da die hohe Bundesversammlung durch den Beschluß vom 2. v. M. ohnehin die Bereitwilligkeit ausgesprochen hatte, zur Ausrüstung und zum Unterhalte der Kurhessischen Truppen äußersten Falls beim gedachten Bankhause die nöthige Summe zu beschaffen, so glaubte der Ausschuß, da jene Quelle augenblicklich versiegt ist, aus Bundesmitteln Aushülfe gewähren und zunächst 25,000 Thaler als Vorschuß für den gedachten Zweck zur Verfügung stellen und später einen weiteren Vorschuß von 50,000 Thalern bewilligen zu sollen, für welche das Kurfürstenthum Hessen selbstverständlich haftbar bleibt. Ebenso hat der Ausschuß, nachdem die Kaiserlich-Königlich-Oesterreichische Verpflegungsverwaltung zu Mainz die Naturalverpflegung der dortigen Kurhessischen Garnison auf Grund der Ziffer 11 des Bundesbeschlusses vom 9. Juni d. J. übernommen, im Hinblick auf §. 2 e des provisorischen Verpflegsreglements den Ersatz der dafür zu 58,361 Gulden 57 Kr. berechneten Kosten an die Kaiserlich-Königlich-Oesterreichische Kriegscasse aus der Festungshauptcasse zu Mainz vorschußweise angeordnet, wofür gleichfalls die Zahlungsverbindlichkeit das Kurfürstenthum Hessen trifft.

Indem somit die angeordneten Maßnahmen in Vorstehendem ihre Rechtfertigung finden dürften,

b e a n t r a g t

der Ausschuß:

Hohe Bundesversammlung wolle den zum Unterhalte der Kurhessischen Truppen aus Bundesmitteln gewährten Vorschüssen nachträglich ihre Genehmigung ertheilen.

Der Ausschußantrag wurde einstimmig angenommen.

## §. 68.

### Aufbewahrung von Werthpapieren und Bundesgeldern in der Bundesfestung Ulm.

**Präsidium.** In Gemäßheit der dem Präsidium in der vertraulichen Sitzung der Bundesversammlung vom 16. Juni d. J. ertheilten Ermächtigung, Angesichts der politischen Verwickelungen wegen Sicherung der Bundescasse und der in derselben aufbewahrten beträchtlichen Depositen des Bankhauses M. A. von Rothschild und Söhne die geeigneten Vorkehrungen zu treffen, hat Präsidium sich veranlaßt gefunden, die in Rede stehenden Depositen am 16. Juni d. J. in wohlverwahrten und versiegelten Kisten zur vorläufigen sicheren Aufbewahrung in die Bundesfestung Ulm verbringen zu lassen.

In gleicher Fürsorge ist auf Präsidialweisung vom 4. Juli d. J. von dem Bankhause M. A. von Rothschild und Söhne aus den bei demselben angelegten Bundesgeldern die Summe von 500,000 Gulden zur vorläufigen Aufbewahrung in die Bundesfestung Ulm abgesendet worden, und es wurden von dieser Summe bisher nur 21,000 Gulden an die Bundescassen-Verwaltung abgeliefert, so daß noch 479,000 Gulden in Ulm liegen.

Da vor der Auflösung des Bundes jedoch wegen der seinerzeitigen Zurückziehung dieser Gelder und der obgedachten Werthpapiere die nöthigen Vorkehrungen getroffen werden müssen, so beehrt sich Präsidium zu

b e a n t r a g e n:

Hohe Bundesversammlung wolle den Bundescanzlei-Director von Dumreicher beauftragen, die dermalen in der Bundesfestung Ulm aufbewahrt werdenden Werthpapiere und Bundesgelder seiner Zeit von der Bundescassen-Verwaltung in Empfang

40. Sitz. v. 24. Aug. 1866, Sep. Prot. §. 68.   450°

nehmen zu lassen, sowie das Präsidium ermächtigen, von dem gefaßten Beschlusse dem Gouvernement der Bundesfestung Ulm Kenntniß zu geben.

Der Präsidialantrag wurde unter allseitiger Zustimmung zum Beschlusse erhoben.

Kübeck.
Schrenk.
Bose.
Heimbruch.
Linden.
Meyer.
Biegeleben.
Wittgenstein.
Linde.

*Augsburg im Jahre 1866*

Im Augsburger Adressbuch des Jahres 1866 finden sich Namen und Adressen zur Augsburger Stadtregierung und zum Militär. Wir erfahren so, dass sich unter der Litera-Anschrift D 117 am Fronhof der Sitz der Königlichen Regierung von Schwaben und Neuburg befand, vertreten durch Ernst Freiherr von Lerchenfeld, der unweit in der Frauentorstraße unter der Adresse D 112 wohnte.

**Königl. Regierung von Schwaben u. Neuburg.**

Frohnhof D. 117.

*Präsident.*

Lerchenfeld Ernst Frhr. v., k. Kämmerer. Frauenthorstr. D. 112.

**A. Collegium Kammer des Innern.**

*Direktor.*

Brand Frz. Jos. v. Ludwigsstr. D. 174.

*Räthe.*

Ahorner Dr. Jos. v. Zeugplatz B. 212.
Buchner H. Chr. v. Schönefelderg. D. 96.
Burchtorff Karl Alex. v. Stadtkommissär. Mittl Kreuz F. 327.
Gumppenberg-Pöttmes Jos. M. Frhr. von, k. Kämmerer u. Kreisbaurath. St. Katharineng. B. 158.
Kolb Jos. v. Jesuiteng. F. 412.
Maison Friedr. Karl Ed. H. Kreuzg. D. 16.
Ott Friedr. Mittl. Kreuz F. 265.
Schegu Joh. Friedr. Wilhelm. Kesselmarkt D. 76
Schmid Dr. Friedr. Christ. Kreis-Medizinalrath. Karmelitenplatz E. 174.
Seckendorff Jul. Frhr. v., k. Kämmerer. Philippine-Welserstr. D. 27.

*Assessor.*

Lutharbt Aug. Emil. Haunstetterstr. J. 64.

*Accessisten.*

Geis Emil. Hoher Weg D. 90.
Ickstatt Max Frhr. v., Maximilianstraße A. 5.
La Roche du Jarrys Luitpold Frhr. von. Ludwigsstr. D. 188.
Lermer Anton Friedr. Ludwigsstr. D. 170.
Martin J. B, Präsidial-Sekretär. Jakober Str. G. 26.
Niedermayr Joh. Baptist. Karolinenstraße D. 88.
Wall Joh. Karolinenstr. D. 52.

*Kreis-Scholarchat.*

Bronnenmayr Fr. X., Domkapitular. J. Pfaffeng. C. 63.
Krauß Aug., prot. Pfarrer u. Senior. St. Annenhof D. 232.
Metzger Dr. Gg. Kasp., Rektor der prot. Studienanstalt. St. Annag. D. 221.
Rauch P. Math., Rektor d. kath. Studien-Anstalt. St. Gallusplatz E. 135.

*Ersatzmänner.*

Büschl Andr., geistl. Rath u. kathol. Stadtpfarrer. Franziskanerg. H. 294.
Gratz Dr. Ler., Domkapitular, Generalvikar zc. St. Josephg. C. 85.

Adreßbuch. 1866.

1

### Kreis-Medizinalausschuß.

#### Vorstand.

Schmid Dr. Friedr. Christ., Kreismedizinal-
rath. Karmelitenpl. E. 174.

#### Mitglieder.

Carron du Val Dr. M., praktischer Arzt.
Windg. F. 5.
Hertel Dr. Johann Gg., prakt. Arzt. O.
Maximilianstr. A. 30.
Brunner Dr. Heinr. Maxim., Bezirksge-
richtsarzt. Jesuiteng. F. 399.
Sprengler Dr. Jos., prakt. Arzt. Karo-
linenplatz C. 51.
Wolfrum Frbr., Apotheker. O. Karolinen-
straße C. 32.
Adam Th., städt. Veterinärarzt. H. Perlach-
berg. C. 256.

### Kreis-Baubehörde.

#### Kreis-Baurath.

Gumppenberg-Pöttmes Jos. M. Frhr.
von. St. Katharineng. B. 158.

#### Kreis-Baubeamte.

Degmair Jul. Mor. Ludwigstr. D. 188.
Hoffmann Lor. O. Kreuz F. 221.
Maier Gustav. B. Pfaffeng. C. 81.
Stengel Gg. Frhr. v. Windg. E. 8.

#### Kreis-Bau-Assistent.

Schüler Wilh. Steing. D. 64.

#### Kreis-Bau-Buchhalter.

Rosa Steph. Pfladergasse C. 315.

### B. Collegium Kammer der Finanzen.

#### Direktor.

Stetter Ludwig. Maximilianstr. A. 7.

#### Räthe.

Braunsberger Jakob. Bahnhofstr. I. 23a.
Gerhäußer Karl. Jesuiteng. F. 404.
Gietl Al. Steing. D. 55.
Holzschuher Aug. Frhr. v. O. Maximi-
lianstr. B. 32.
Höß Max. Wallstr. B. 159.
Welzl Ludwig v., Fiskalrath. Mittl. Kreuz
F. 266.
Paur Jos., Kreisforstrath. Zeugpl. B. 208.

#### Assessoren.

Dittmar Robert, Fiskaladjunkt. Jesuiteng.
F. 415.
Wanderer Frbr., Kreisforstmeister. Grot-
tenau D. 204.

#### Accessisten.

Knepach Otto v. Unt. Kreuz F. 303.
Plaum Emil. Jesuiteng. F. 417.
Stengel Herrmann Frhr. v., Raths- und
Fiskalats-Accessist. Jesuiteng. F. 401.
Stubenrauch Sigm. v. M. Maximilianstr.
A. 4.

### Kreis-Fiskalat.

Welzl Ludwig v., Fiskalrath. Mittl Kreuz
F. 266.
Dittmar Robert, Fiskaladjunkt. Jesuiteng.
F. 415.

### Kreis-Forstbureau.

Paur Jos., Kreisforstrath. Zeugpl. B. 208.
Wanderer Frbr., Kreisforstmeister. Grottenau D. 204.

#### Aktuare.

Baur Joh. Stephanspl. E. 151.
Ebermayer Wilh. H. Kreuz. F. 364/365.
Mayer Franz. U. Kreuz F. 312.

### Technisches Bureau.

Stadelmayer Julius, Obergeometer. Kar-
meliterg E. 4.
Schäffler Ernst, Revisor. Pelzmühlgäßchen
C. 168.

#### Sekretariat beider Kammern.

#### Sekretäre.

Faber Karl Anton. Peutingerstr. D. 135.
Lipp Alex. O. Kreuz F. 360.
Schauberger Georg. Regierungsgebäude
D. 117.
Strasser Dionys. Vorb. Lech A. 460.
Stubenbeck Max. Peutingerstr. D. 135.

#### Funktionäre, Kammer des Innern.

Eschenbach Ad. Fuggerei Nr. 31.
Menber Franz. Langeg. F. 240.

#### Funktionäre, Kammer der Finanzen.

Griesbauer Jak. Lange Gasse F. 224.
Kauffmann Karl. Alte Gasse F. 348.

Auch das Militär mit seinen Gliederungen und Stützpunkten in der Stadt ist erwähnt:

## Militär.

**K. General-Kommando Augsburg.**
Hl. Kreuzgasse F. 376.

*General-Kommandant.*

Feder Maximilian Ritter v., Excellenz, General-Lieutenant ec. B. Pfaffeng. C. 52.

*Adjutanten.*

Mayer Karl, Hauptmann. Maximiliansstraße B. 23.
Hertling Johann Frhr. v., Oberlieutenant. Maximilianßstr. B. 13.

*Brigade-Generale.*

Fuchs Nepomuk, Generalmajor und Brigadier der 3. Infanterie-Brigade. Ludwigsstraße D. 186.

*Adjutant.*

Zech Julius Graf v., Oberlieutenant. Bahnhofstraße J. 23.

———

**Ludwig, Herzog in Bayern, k. Hoheit,** Generalmajor und Brigadier der 2. Cavallerie-Brigade. Maximilianßstr. A. 26.

*Adjutant.*

Hartmann Herrmann Ritter von, Oberlieutenant. Maximilianßstr. B. 13.

*Generalstaboofsiziere.*

Tann Rudolph Frhr. v. d., Oberstlieut. O. Maximilianßstr. B. 16.
Weiß Eduard, Hauptmann. Kapuzinerg. B. 135.

*II. Genie-Direktion.*

Illing Johann, Major u. Genie-Direktor. Spenglergäßchen C. 104.
Körbling Ignaz, Hauptmann. U. Maximilianßstr. C. 6.
Kaiser Anton, Hauptmann. Ludwigsstr. D. 160.
Lang Otto, Unterlieut. u. Platz-Genie-Offizier. Hinter der Metzg C. 166.
Hurst Michael, Unterlieutenant. Windgasse E. 14.
Haid Joh., Unterlieut. und Platz-Genie-Offizier. Kreuzstr. F. 200.

*Ober-Stabsarzt.*

Hauer Dr. Math. Peutingerstr. D. 95.

*Ober-Kriegskommissär.*

Recknagel Friedr. Hl. Kreuzg. F. 203.

*Stabs-Auditor.*

Boigiano Ludwig. Kapuziner.g. B. 144.

*funkt. Stabs-Auditor.*

Hölzl J., Regiments-Auditor. Hl. Kreuzg. F. 375.

*Sekretär.*

Knochel Anton, Divisions-Kommando-Sekretär. Hinterer Perlachberg C. 260.

*Aktuare.*

Clostermeyer Anton, Sekretär. Heil. Kreuzg. F. 378
Leybold Joh., Reg.-Aktuar. Karolinenstr. C. 24.

———

**Kgl. Stadt-Kommandantschaft.**
Ludwigsstraße D. 186.

Fuchs Nepomuk, Generalmajor, Brigadier u. Stadtkommandant. Ludwigßstr. D. 186.
Kaiser Carl, char. Oberstlieutenant. Platzstabs-Offizier. B. alten Einlaß F. 189.
Anger Joh., Hauptmann u. Platzadjutant. Gögginger-Mauer B. 260.
Bezold Carl v., Regimentsarzt. Roßmarkt G. 337.
Metz Johann, Regiments-Quartiermeister. Am rothen Thor A. 278.
Sigbart Jos., Regiments-Quartiermeister. Maximilianßstr. A. 37.
Peter Ludwig, Bataillons-Quartiermeister. Thäle D. 153.
Banoni Albert, Unter-Quartiermeister. Auf dem Rain C. 267.
Schleicher Max, Reg.-Auditor. O. Maximilianßstraße A. 34.
Schmitz Julius, Kanzlei-Sekretär. Schmiedgasse C. 226.
Grazioli Max, Unter-Apotheker I. Classe. Beim Pfaffenkeller C. 67.
Wolff Herm., Unter-Apotheker II. Classe. St. Georgenstr. F. 47.
Baumann Aug., Unter-Apotheker II. Classe. St. Georgeng. F. 47.
Saenger Rudolph, funkt. Kanzlei-Aktuar. Hinkermauer F. 182b.
Schweiger Franz, Auditoriats-Aktuar. Hinkerthoranbau F. 178.

**K. Gieß- u. Bohrhaus-Verwaltung.**
Katzenstadel F. 136.

Sprengler Eugen, Hauptmann und Vorstand. Judenwall F. 146.
Reißer Xaver, Geschützgießmeister. Katzenstadel F. 133.
Schwendinger Gg., Bohrmeister. Judenwall F. 146.
Fürsich Baptist, Regiments-Quartiermeister. Katzenstadel F. 126.
Strattner Franz, Regiments-Aktuar. Klinkerthorstraße F. 209.
Schmid Friedrich, Zeugdiener. Katzenstadel F. 136.

Temporär kommandirte Offiziere bei der Anstalt.

Halber Josef, Unterlieutenant im 2. Artillerie-Regiment. M. Kreuz F. 273.
Hütz Peter, Unterlieutenant im 4. Artillerie-Reg. Mittl. Kreuz F. 273.

---

**Kgl. Zeughaus-Verwaltung.**
Zeugg. B. 225.

Daffner Franz, Hauptmann und Oberzeugwart. Zeuggasse B. 225.
Kögler Georg, Unterzeugwart. Zeugplatz B. 223.
Malder J., Zeugschreiber. Zeugpl. B. 223.

---

**Kgl. Geschüts-Inspektion.**
Vor dem rothen Thor J. 102.

Hößlin Moriz v., ⚔ Oberstlieutenant und Vorstand. V. d. rothen Thor J. 102.

**Kgl. III. Infanterie-Regiment „Prinz Karl."**

Oberst.
Hößlinger Leop. Mittl. Kreuz F. 327.

Oberstlieutenant.
Wissell Börries von,

Majore.
Otting-Fünfstetten Ludwig Graf von, Karlsstraße D. 78.
Schmädel Otto Ritter v. Karlsstr. D. 79.

Regiments-Adjutant.
Bresselau von Bressensdorf Adolar v., Oberlieut. Kreuzkaserne.

Bataillons-Adjutant.
Staubwasser Jos., Lieutenant. Windg. E. 5.

Hauptleute.
Zentner Franz Ritter v. Heil. Kreuzg. F. 377.
Oswald Anton Ritter v. Heil. Kreuzgasse F. 204.
Flurl Ludwig. Kapuzinerg B. 141.
Muck Eduard. Bahnhofstr. J. 23.
Reck Anton. Steing. D. 63.
Harrach Anton. Klinkerthorg. F. 169.
Dermühl Gg. Bahnhofstr. J. 23 c.
Karthaus Karl. Bahnhofstr. J. 24.
De Bruyn Aug. Johannesg. D. 98.
Parseval Ferdinand von. Vorb. Pfaffengäßchen C. 83.
Lösch Ludwig Graf v. Ludwigstr. D. 173.
Reichlin-Meldegg Ant. Freiherr von. Windg. F. 14.

Oberlieutenants.
Wagner Friedr. Ludwigstr. D. 176.
Weiß Eduard. Vor dem Oblatterthor J. 278.
Horn Alexander. Karolinenpl. C. 51.
Schmidtbauer Mart. Pfannenstiel J. 325.
Dick Jos. Katzenstadel F. 161.
Halber Julius. Oblatterthor J. 278 a.
Herzle Friedr. V. d. Oblatterthor J. 265.
Birkmann Joh. Windg. F. 9.
Körner Wilh. Ludwigstr. D. 188.
Wibel Moriz. Spenglergäßchen C. 94.
Fabris Aug. v. Windg. F. 9.

Lieutenants.
Henzler Eduard Ritter v. Ludwigstraße D. 188.
Lenk Anton. Karlsstr. D. 77.
Burger Otto. U. Karolinenstr. D. 90.
Grasser Otto. U. Karolinenstr. D. 90.
Schmitt Simon. Windg. F. 12.
Abel Heinrich. Johannesg D. 96.
Hundsdorfer Aug. Peutingerstr. D. 129.
Misani Wilh. Karlsstr. D. 78.
Sichart Karl. Klinkerthorg. F. 209.
Hoffmann Gg. Mittl. Maximilianstraße A. 4.
Bätz Anton. V. d. Oblatterthor J. 265.
Meier Friedr. Karmeliterg. E. 158.
Bram Adolph. U. Kreuz F. 305.
Filgertshofer Edm. U. Kreuz F. 304.
Hofmann Adalbert v. Maximilianstraße A. 4.
Bentele Christian. Winterg. A. 12.
Dietz Karl. Hl. Kreuzstr. F. 204.
Müller Franz. U. Kreuz F. 304.
Biéchy Theodor. V. d. Oblatterthor J. 265.
Langenmantel Wilh. von. Hoher Weg D. 85.
Hauer Alb. Peutingerstr. D. 95.

**Junker.**
Sander Friedr. U. Karolinenstr. D. 85,
Prand Leonh. Klinkerthorg. F. 169.

**Regimentsarzt.**
Primbs Dr. Carl. St. Annag. D. 216.

**Bataillonsärzte.**
Ullmann Dr. David. Judenberg C. 281.
Ludinger Dr. Karl. St. Georgg. F. 47.

**Unterarzt.**
½ Z. vacant.

**Regiments-Auditor.**
Sommer Eduard. Maximilianstr. B. 23.

**Regiments-Quartiermeister.**
Luttenbacher Georg. Klinkerthor F. 178.

**Bataillons-Quartiermeister.**
½ Z. vacant.

**Regiments-Aktuar.**
Hiller Stephan. Spenglergäßchen C. 98.

---

### Kgl. IV. Chevauleger-Regiment „König".

**Oberst.**
Z. Zt. nicht besetzt.

**Oberstlieutenants.**
Leonrod Karl Frhr. v. Maxstr. B. 41,
Hößlin Moriz v. B. b. rothen Thor J. 102.
Weinrich Karl v. Maximilianstr. A. 110.

**Major.**
Bosch Hugo. Göggingerthorplatz J. 22.

**Regiments-Adjutant.** •
Dürig Eduard, Ober-Lieutenant. Chevaulegerkaserne.

**Rittmeister.**
Fugger-Glött Alfr. Graf v. Maximilianstr A. 105.
Kiliani Friedr. Maximilianstr. B. 29
Seyssel d'Aix Ludw. Graf v. Weite G. B. 57.

**Oberlieutenants.**
Ott Robert. Bahnhofstr. J. 22,
Fischer Theobald. Ob. Maxstr. B. 33.
Oettingen-Wallerstein Moriz Fürst v.

**Lieutenants.**
Frommel Wilh. Mittl. Maxstr. B. 15.
Baur-Breitenfeld Otto v. Katharineng. B. 174/175.
Schäzler Egon Frhr. v. Wallstr. B. 195.
Auffeß Fr.-ebr Frhr. v. Kitzenmarkt B. 64.
Pöllnitz Walter Frhr. v. Weite G. B. 49.

**Junker.**
Stauffenberg Carl Frhr. v. Zeugg. B. 203.
Ermarth Albert. Katharineng. B. 171.
Bethmann Karl Frhr. v. Ob. Maxstr. B. 23.

**Regimentsarzt.**
Würth Dr. Raimund. Ludwigstr. D. 161.

**Bataillonsärzte.**
Bauer Dr. David. Steing. D. 55.
Greb Dr. Jos. Armenhausg. B. 124.

**Regiments-Auditor.**
Nicht besetzt.

**Bataillons-Auditor.**
Wurzer Otto. St. Annastr. D. 235.

**Regiments-Quartiermeister.**
Lehner J. Kitzenmarkt B. 49.

**Unter-Quartiermeister.**
Henchel Sigmund. Milchberg A. 174.

**Regiments-Aktuar.**
Nicht besetzt.

**Regiments-Veterinärarzt.**
Jamin Jakob. St. Ursula A. 541.

**Unter-Veterinärarzt.**
Lorz Gg. Kitzenmarkt B. 68.

---

### Kgl. IV. Artillerie-Regiment.

**Oberst.**
Rosenstengel Franz. Zeugg. B. 203.

**Oberstlieutenant.**
Vogl Ludwig. B. b. rothen Thor J. 100.

**Majore.**
Mangstl Eugen Ritter v. Frauenthorstr. C. 56.
Ekart Edmund. B. b. Klinkerthor J. 15g.

**Regiments-Adjutant.**
Streiter Theodor, Oberlieutenant, Artilleriekaserne.

30    Kgl. I. Uhlanen-Regiment. — Kgl. IV. Sanitäts-Kompagnie.

**Hauptleute.**
Aign Wilh. Klinkerstr. F. 167.
Redenbacher Oskar. Bahnhofstr. J. 23a.
Vollmar auf Veltheim Joseph Ritter v. Ludwigsplatz D. 17.
Weiß Peter. Beim Pfaffenkeller C. 70.
Junker-Bigatto Sigm. Frhr. v. Mittl. Kreuz F. 326.
Herold Paul. Karlstr. D. 77.

**Oberlieutenants.**
Schmauß Mathäus. Ob. Kreuz F. 221.
Neu Oskar. Jesuiteng. F. 406.
Wurm Ernst. Ludwigstr. D. 172.
Zu Rhein Theodor Frhr. v. Klinkerstr. F. 167.
Löffl Ernst Ritter v. Ob. Kreuz F. 221.
Thürheim Herrmann Graf v. St. Annag. D. 215.
Reverdy Baptist. Hl. Kreuzstr. F. 199.
Schmauß Josef. M. Kreuz F. 327.

**Lieutenants.**
Ammon Karl. U. Kreuz F. 322.
Metz Eduard. Windg. F. 14.
Jamin Wilh. Windg. F. 17.
Cucumus Karl. Jesuiteng. F. 406.
Heerwagen Oskar. Peutingerstr. D. 130.
Seuffert Bernhard. Klinkertborg. F. 167.
Frey Hermann. Jesuiteng. F. 406.
Buonaccorsi Karl v. Steing. D. 55.
Hütz Peter. Mittl. Kreuz F. 273.
Kaiser Josef. U. Kreuz F. 322.
Bezold Friedrich v. Ob. Kreuz F. 221.
Neureuther Karl. Klinkertborg F. 167.
Gessele Maxim. Aeuß. Pfasteng. E. 222.
Scheurl v. Defersdorf Karl. Peutingerstr. D. 129.

**Junker.**
Schmädel Franz Ritter v.

**Regimentsarzt.**
Mayer Dr. Al. Grottenau D. 192.

**Bataillonsarzt.**
Müller Dr. Karl. Mittl. Graben H. 373.

**Unterarzt.**
Hauer Dr. Ludwig. Peutingerstr. D. 95.

**Regiments-Auditor.**
Huber Aug. Hafnerberg D. 140.

**Bataillons-Quartiermeister.**
Pauli Andr. Peutingerstr. D. 129.

**Regiments-Aktuar.**
Schwarz Ottmar. U. Kreuz F. 304.

**Regiments-Veterinärarzt.**
Franzen Jos. Wilh. U. Kreuz F. 303.

**Unter-Veterinärarzt.**
Greinwald Aug. Sterng. C. 273.

## Kgl. I. Uhlanen-Regiment.
(2. Division).

vac. Großfürst-Thronfolger Nicolaus von Rußland.

**Major.**
Kiliani Emanuel Zeugg. B. 228.

**Rittmeister.**
Leiningen-Westerburg Thomas Graf v. Bahnhofstr. J. 23.
Sazenhofen Maxim. Frhr. v. Maximilianstr. B. 30.

**Oberlieutenants.**
Horn Gustav Frhr. v. Frohnhof D. 115.
Passavant Alfred. B. d. Schwibbogen J. 133.

**Lieutenants.**
Dessauer Otto. Kitzenmarkt B. 64.
Montgelas Maxim. Graf v. Hl. Kreuzg. F. 373.
Lips Ferdin. v. Kirchg. A. 221.

**Junker.**
Pössert Eugen. B. d. rothen Thor J. 63.
Schäzler Edmund Frhr. v. Maximilianstr. B. 16.

**Bataillonsarzt.**
Döberlein Dr. Gustav. Phil.-Welserstr. D. 24.

**Divisions-Veterinärarzt.**
Marggraff Paul. Maximilianstr. A. 37.

## Kgl. IV. Sanitäts-Compagnie.

**Hauptmann.**
Reinhard Augustin. Klinkerthorstr. F. 166.

**Oberlieutenant.**
Allweyer Bernhard v. Zeugg. B. 203.

**Lieutenants.**
Pappus v. Trahberg, Karl Frhr. v.

### Regimentsarzt.

Glocker Dr. Emil. B. b. Klinkerthor J. 15.

### Unter-Quartiermeister.

Trenner Johann. Ob. Kreuz F. 360.

---

## Kgl. Gendarmerie-Kompagnie.

Gaßner Karl, Hauptmann. Bahnhofstr. J. 23a.

Sand Maximilian, Oberlieutenant. Karlstr. D. 78.

Schönprunn Alfr. Frhr. v., Lieutenant. Maximilianspl. A. 110.

Förg Michael, Unterquartiermeister. B. b. Göggingerthor J. 28.

---

## Pensionirte Offiziere und Militär-Beamte.

### Generallieutenant.

Spreti Friedr. Graf v. Karolinenpl. C. 54.

### Generalmajore.

Bieber Sigm. v. Kapuzinerg. B. 147.
Limmer Franz. Bahnhofstr. J. 22.

### Oberstlieutenant.

Furtner Simon. Maximilianstr. A. 110.
Rauner Karl. Windg. F. 4.

### Majore.

Schönfeßl Franz. Maximilianstr. B. 12.
List Stephan. Bahnhofstr. J. 23.
Schweinichen Curt. Karolinenstr. D. 67.

### Hauptleute.

Flacho Franz. Herrenhäuser E. 31.
Guttenberg Ant. Frhr. v. U. b. Hallthore G. 326.
Langenmantel Karl v. Lange G. F. 227.
Krauß Karl Frhr. v. M. Graben H. 335.
Schmid Aug. Katzenstadel F. 165.
Leublfing Theod. Graf v. Kitzenmarkt B. 64.

### Rittmeister.

Böhm Jos. Jesuiteng. F. 408.
Gradmann Dav. M. Maximilianstr. A. 16.
Grandaur Gg. U. Maximilianstr. D. 12.
Hertlein Friedr. U. Hunoldsgraben C. 282.

### Oberlieutenant.

Mühlthaler Gg. Katzenstadel F. 159.

### Lieutenant.

Kalb Jos. Grottenau D. 247.

### Unter-Zeugwart.

Barth Daniel. Katzenstadel F. 148.

### Regimentsärzte.

Dobelbauer Dr. Moriz. Steing. D. 58.
Golch Dr. Karl. Jakoberstr. H. 41.

### Stabs-Auditor.

Golch Adalbert. Predigerberg A. 162.

### Regiments-Auditor.

Godin Karl Frhr. v. Maximilianstraße A. 37.

### Regiments-Quartiermeister.

Hammer Friedrich. U. Maximilianstraße C. 2.
Wright Ferd. Jesuiteng. F. 402.
Bersl Andreas. Mauerberg C. 121.

### Unter-Quartiermeister.

Lauck Ad. St. Georgeng. F. 287.
Hurler Sebastian. M. Kreuz F. 274.

### Unter-Veterinärarzt.

Nußgnug Christ. Wallstr. B. 159.

### Kupferstecher.

Manz Andr. B. Lech A. 460.

### Geschützbohrmeister.

Wiblitzhauser Jakob. Klinkerstr. F. 209.

### Offiziere à la suite.

Fugger von Kirchberg-Weißenborn, Raim. Graf, Oberstlieut. Erlaucht. Hl. Kreuz. F. 372.
Linden Ernst Frhr. v., Major. Ludwigstr. D. 190.
Langenmantel Jos. v., Hauptm. M. Graben H. 333.
Pöllnitz Ludw. Frhr. v., Rittmeister. M. Maximilianstr. A. 25.
Guiot du Ponteil Alex. Graf v., Oberlieutenant. D. Maximilianstr. B. 17.
Süßkind Gottlieb Frhr. v., Oberlieutenant. Maximilianstr. A. 26.
Riedheim Siegm. Frhr. v., Unterlieutenant. D. Graben G. 314.

---

## Königl. Landwehr.

### Kreis-Kommando.

Generalmajor u. Kreis-Kommandant vacant.
Stetten Ernst v., Kreis-Oberst u. I. Kreis-Inspektor.
Lampart Gg., Oberst und II. Kreis-Inspektor.
Manz Alph., Hauptmann u. Kreis-Adjut.

32            Kgl. Landwehr.

### Distrikts-Inspektoren.

Brentano K. Aug. v., Oberstlieut., Inspektor des V. Distrikts.
Gerber Karl Oberstlieut., Inspektor des II. Distrikts.

### X. Landwehr-Regiment.

#### Oberst.

Obermayer Karl.

#### Oberstlieutenant.

vacant.

#### Majore.

Hammerer Otto.
König Kasimir.

#### Regiments-Adjutant.

Kratz Josef, Ober-Lieutenant.

#### Bataillons-Adjutant.

Walter Gg., Lieutenant.

#### Hauptleute.

Freyinger Joh. Gottfried.
Diesel Rudolf.
Dubois Aug.
Kremer Josef.
Michel Ant.
Olbrich Ant.
Treu Max.
Fellheimer Eduard.
Kathan Johann.
Obermayer Max.

#### Oberlieutenants.

Mehnle Gg.
Müller Heinrich.
Staudinger Herrmann.
Mack Ludwig.
Herzog Ludwig.
Strehle Jakob.
Rosenbusch Salomon.
Pöllnitz Stephan.
Nägele Otto
Casella Emil.

#### Lieutenants.

Beck Mich.
Weiß Josef.
Kaumaier Karl.
Kranzfelder Herrmann.
Wallenreiter Christian.
Brach Gg.
Burkhard Christoph.

### Belzer Karl.

Mayer Gg. Vinzenz.
Stöhr Karl.
Maillinger Aug.
Gracco Oskar.
Mulzer Jakob.
Bäumler Karl.
Seitl Karl.
Schlosser Jakob.

#### Junker.

Kellner Karl.

#### Cavallerie-Escadron.

Wolff Leonh., Rittmeister.
Hoffmann R., Oberlieutenant.
Lutz Friedr., Lieutenant.
Sontheimer Lav., Lieutenant.

#### Artillerie-Kompagnie.

Frank Frdr., Oberlieutenant.
Birzle Mathias, Lieutenant.

#### Regimentsärzte.

Carron du Val Dr. Max.
Körber Dr. Gustav.

#### Regiments-Quartiermeister.

Schürer Joh. (zugleich Musik-Intendant).

#### Regiments-Auditor.

Pedrone Dr. Karl.

#### Bataillonsärzte.

Frommel Dr. Eug.
Hoffmann Dr. Robert.
Wachter Dr. Ferd. v.

#### Bataillons-Quartiermeister.

Petz Clemens.
Peter Leonhard.

#### Bataillons-Auditore.

Gutermann Dr. Phil. v.
Flemisch Gg.
Wohnlich Frhr. Gustav v.

#### Unterarzt.

Bacher Max, Mag. Chir.

#### Offiziere à la Suite.

Drentwett Gottl., Hauptmann.
Meckel Jak., Hauptmann.
Vögl Mart., Hauptmann.
Scharf Ga., Hauptmann.

Schließlich auch die Angehörigen der Stadtverwaltung:

**Städtische Polizei- und Gemeinde-Verwaltung.**

**Stadt-Magistrat.**

Forndran Georg v., I. rechtskundiger Bürgermeister. B. Pfaffeng. C. 83.
Fischer Ludwig, II. rechtskundiger Bürgermeister. Obstmarkt D. 100.

**Rechtskundige Magistratsräthe.**

Zenz Jos. O. Maximilianstr. A. 34.
Frisch Nikob. Dominikanerg. A. 65.
Sondermann Albin. Am Schwal A. 556.

**Technischer Baurath.**

z. Z. vacant.

**Bürgerliche Magistratsräthe.**

**(I. Hälfte, Wahlperiode 1863/69).**

Zans Ferd., Kaufmann. Steing. D. 270.
Leu Ign., Pelzwaarenhändler. U. Maximilianstr. D. 9.
Neuschmid Joh. Bapt., Kaufmann. O. Maximilianstr. A. 20.
Erzberger Albert, Banquier. O. Maximilianstr. A. 23.
Kolb Karl, Kfm. Philippine-Welserstraße D. 275.
Reeser Adolph, Kfm. und Buchdruckereibesitzer. Ludwigsstr. D. 211.

**(II. Hälfte, Wahlperiode 1860/66.)**

Buz Karl, Fabrikdirektor. Vor dem Stephingerthor J. 299.
Wolfrum Frdr., Apotheker. O. Karolinenstraße C. 32.
Vogel Aquilin, Kfm. O. Karolinenstraße C. 24.
Aurnhammer Theod., Kaufmann. Barfüßerstr. C. 233.
Lampart Gg., Buchhändler. St. Annastr. D. 260.
Hertel Albert, Kaufmann. A. Metzgplatz C. 242.

**Ersatzmänner.**

Reuß Gottfried, Goldarbeiter. U. Maximilianstr. C. 5.
Bosch Ludw., Fabrikant. B. d. Klinkerthor J. 15.
Zebentner Franz, Apotheker. M. Kreuz F. 331.
Holzer Ignaz, Kfm. U. Maximilianstr. D. 6.

**Gemeindebevollmächtigte.**

Vorstand: v. Stetten Joh. Jak.
Protokollführer: Wagenseil Ferd.

**(I. Dritttheil, Wahlperiode 1863/72.)**

Leberwurst Math., Hafnermeister. Mittl. Lech C. 349/51.
v. Stetten Joh. Jak., Gutsbes. Obere Maximilianstr. B 18.
Allgeyer Heinr., Schreinermeister. Quergäßchen im Elend H. 353.
Genève Sigmund, Regenschirm-Fabrikant. O. Karolinenstr. D. 40.
Geuser Heinrich, Schlossermstr. Pflasberg. C. 316.
Arnold Jos., Färbermeister. Am Schwal A. 556.
Grünwald Karl, Färbermstr. Mittl. Lech A. 534.
Gruber Joh. Gg., Spezereihändler. O. Kreuz F. 361.
Tröltsch Karl, Kaufm. St. Annastraße D. 220.
Bachmann Samuel, Großhdlr. Karlstr. D. 80.
Wüst Joh. Gg., Spezereihändler. M. Lech A. 580.
Hummel Franz, Kfm. Philippine-Welserstraße D. 277.

**(II. Dritttheil, Wahlperiode 1857/66.)**

Wirth Karl, Buchdruckereibesitzer. Zeugg. B. 205.
Böhm Karl, Fabrikant. B. d. Stephingerthor J. 285.
Scharf Gg., Schneidermeister. U. Hunoldsgraben C. 296.
Volkert Karl, Chirurg. Hinter der Metzg C. 194.
Reichenbach Karl, Fabrikant. B. d Stephingerthor J. 306.
Reischle Andr., Metzgermstr. Kappeneck G. 90.
Gerber Karl, Privatier. Oberer Graben G. 328.
Hertle Jakob, Seifensieder. A. Ochsenlech G. 256.
Pfaff Theod., Weingastgeber. O. d. Metzg C. 182.
Kaumeyer Gg., Formstecher. Fischergäßchen E. 54.
Schuch Frz., Kürschnermeister. M. Maximilianstr. A. 18.
Barthelmeß Johann, Handschuhfabrikant. St. Annag. D. 219.

**(II. Dritttheil, Wahlperiode 1860/69.)**

Frommel Franz, Kfm. O. Maximilianstraße B. 27.
Then Christian, Pianofortefbrkt. Frauenthorstr. C. 57 a.

Kühny Karl, Goldschläger. O. Hunolds-graben A. 81.

Reuß Gottfried, Gold- und Silberarbeiter. U. Maximiliansstr. C. 5.

Wagenseil Ferd., Großhändler. U. Maximiliansstr. D. 10.

Sander Theod., Fabrikant. St. Annastr. D. 223.

Leiner Christoph, Bäckermstr. A. Perlach-berg C. 245.

Haindl Gg., Papierfabrikant. B. d. Stephingerthor J. 295.

Keller Friedr., Kaufm. U. Karolinenstr. C. 44.

Holzer Ign., Spezereihändler. U. Maximiliansstr. D. 6.

Minderer Flor., Seilermeister. Jakoberstr. H. 15.

Gossenz Philipp, Kaufmann. U. Maximiliansstr. D. 8.

### Ersatzmänner.

Treu Max, Maurermeister. Mittl. Kreuz F. 267/8.

Paulin Joh. Leop., Fabrikant. U. Karolinenstr. C. 47.

Suntheimer Jos., Mahlmüller. Rappenbad A. 310.

Mozet Jak., Zimmermeister. B. d. Gögginger-thor J. 45c.

Stötter Lorenz, Bierbrauer. U. Lauterlech H. 232.

### Armenpflegschaftsrath.

I. Vorstand: Forndran Gg. v., I. Bürgermeister.

II. Vorstand: Fischer Ludw., II. Bürgermeister.

### Pflegräthe.

Körber Dr. Gustav, prakt. Arzt. Karmeliterg. E. 170.

Riedel Lorenz, Hucker. Meister-Beitogäßchen G. 215.

Rieg Johann, Privatier. Am Klinkerthor F. 175.

Mehnle Gg., Seilermeister. Hl. Grabg. A. 46.

Findt Joh. Martin, Schneidermstr. Kohlergasse F. 396.

Schöberle Karl, Kupferschmiedmstr. Pfladberg. C. 308.

Stempfle Gg., Lithograph. Wintergasse A. 11.

Alt Karl, Tuchmacher. Bahnhof-Straße J. 23a.

Kalb Joh. Georg, Schuhmachermstr. Dominikanerg. A. 63.

Grünwald Karl, Färbermeister. M. Lech A. 534.

Müller Abr., Färbermstr. Beim Märzenbad C. 334.

Müller Anton, Webermeister. Pfärrle E. 65.

Olbrich Ant., Taschnermstr. O. Maximiliansstr. A. 17.

Hofer Peter, Schneidermeister. Sterngasse C. 354.

Traub Martin, Hucker. Windg. F. 6.

Gebrath Jos., Musikalienhändler. Jakoberstraße H. 18.

Freyinger Gottfr., Kfm. O. Karolinenstr. C. 31.

Gerhäuser Ant., Spenglermeister. Oberer Hunoldsgr. A. 84.

Kopitsch Karl, Kaufm. O. Schlossermauer A. 624.

Kremer Jos., Kfm. St. Annastr. D. 234.

Mozet Jak., Zimmermeister. B. d. Gögginger-thor J. 45c.

Belzer Karl, Konditor. U. Maxstr. C. 4.

Oswald Joh. Nep., Tuchmacher. Unterer Graben H. 330.

### Ersatzmänner.

Leiner Jak., Bäckermeister. Peutingerstr. D. 130.

Zipprich Andr., Schneidermstr. Dominikanerg. A. 64.

Rebel Ludw., Spenglermstr. O. Graben G. 325.

Hain Joh., Schuhmachermstr. O. Graben G. 319.

Lehn Wilh. B. d. Oblatterthor J. 265a und b, Platzwirth zum Bürgergarten.

Suntheimer Jos., Mahlmüller. Beim Rappenbad A. 310.

Honold Gg., Bader. Jakoberstr. H. 38a.

Münch Xaver, Wachszieher. St. Georgeng. F. 285.

---

## Städtische Armenpflege.

Dominikanerg. A. 67. 68.

Rösch Rudolph, Kassier. Spitalg. A. 212.

Weinmayer Xaver, Aktuar. U. Hunoldsgr. C. 296.

Schenkenhofer Karl, Pedell. Jakoberstr. H. 10.

Schadelock Philipp, Werkmeister. Jakober-

Concessionirtes

# Augsburger Dienstmänner-Institut „Express".

Die **Dienstmänner** sind kennbar durch blaue Blouse mit rothem Kragen (im Winter braune Wolljacke), rothe Tuchmütze mit Messingschild, worauf die Aufschrift „Express" und die betreffende Nummer, sowie durch schwarze Ledertasche, an welcher wiederholt die Nummer angebracht ist. Ferners sind sie mit einer mit dem Siegel des Stadt-Magistrates Augsburg gestempelten Legitimationskarte versehen und verpflichtet, selbe sowie Reglement und Tarif den Titl. Auftraggebern auf Verlangen vorzuzeigen.

Das Dienstmänner-Institut „Express" empfiehlt ergebenst die Dienstmänner zur gefl. Benützung und bittet zugleich um *Abnahme der Marken für jede Dienstleistung, da sich der Dienstmann durch deren Nicht-Abgabe sowohl einer Unterschlagung schuldig macht, als auch nur der Besitz der Marke dem Titl. Auftraggeber* **Garantie** *für pünktliche Besorgung der Aufträge, sowie für Schaden-Ersatz bietet.*

Die Dienstmänner können verwendet werden: zur Fortschaffung aller Sachen, Lasten und Effecten; zum Emballiren von Meubles; zur Bestellung von expressen Briefen in der Stadt, sowie als expresse Boten über Land; zu häuslichen und kaufmännischen Dienstleistungen, als Laden öffnen, schliessen und reinigen derselben; zu Handleistungen und Umzügen bei Wohnungswechsel auf Stunden und Tage.

Ein Näheres ergibt der Tarif, den jeder Dienstmann bei sich führt und der auch im **Comptoir des Institutes, Schmiedgasse C. 230,** gratis zu haben ist; daselbst bittet man auch unter Zusicherung sofortiger Abhilfe allenfalsige Beschwerden anzubringen.

Die Comptoire der „Express-Compagnie", welche in allen grösseren Städten Deutschlands vertreten ist, übernehmen Speditionen und Verpackungen aller Art, und befördern Güter und Paquete nach allen Continental- wie überseeischen Plätzen.

Lagerung von Gütern und Effecten. — Incassi. — Expedition für Passagier und Reisegepäck.

**A. Stocker,**
Instituts-Direktor.

Abbildungen:

S. 6
oben: Siegel der Bundes-Kanzlei (Chana Tausendfels)
unten: Stadtwappen Augsburg 1866

S. 18
oben: Residenz am Fronhof
unten: Turm und Tor der Residenz

S. 19
oben: Rokoko-Saal der Residenz
unten: Rokokosaal der Residenz (wikipedia)

S. 20
oben: Maximilianstraße mit Drei Mohren, Herkulesbrunnen und Ulrichskirche, Illustration von Franz Fried-
richEdelwirth (1845)
unten: Drei Mohren mit Fugger-Palais, Postkarte um
1915

S. 21
Drei Mohren Hotel, Palmengarten-Restaurant, Postkarte
um 1915

S. 27
Kanzler, Alois Freiherr Dummreicher von Österreicher
(1821-1884), Porträtsammlung ÖNB (Digitale Sammlung
Port 0010538901), bildarchivaustria.at

S. 33 - 46
Kübeck zu Kübau, Schrenck-Notzing, Biegeleben, von
Linden, von Meyer, Comte de Reculot: Österreichisches
Staatsarchiv, sowie wikipedia commons

S. 71
Carl von Obermayer, Augsburger Photographie aus dem
Jahr 1876 (Aufnahme: Photo-Studio Julius Ebner, Pri-
vatbesitz)


Im Text genannte zeitgenössische Publikation

Literatur:

**Deuerlein**, Ernst – *Augsburg 1866, die Auflösung der Bundesversammlung des Deutschen Bundes*, (1967)

**Gruner**, Wolf – Der Deutsche Bund 1815 – 1866, (2010)

**Merkl**, Franz-Josef – *Der jüdische Bankier Carl von Obermayer (188-1889) als Militärreformer*, in „Geschichte und Kultur der Juden in Schwaben III – Zwischen Nähe, Distanz und Fremdheit", S. 147-199, (2007)

**Möller**, Frank – *Bürgerliche Herrschaft in Augsburg 1790-1880*, (1999)

**Nipperday**, Thomas – *Germany from Napoleon to Bismarck,*

*Protokolle der deutschen Bundes-Versammlung vom Jahre 1866*, Sitzung 1 bis 40, Frankfurt am Main und Augsburg

**Pütz**, Wilhelm Prof. – Die Geschichte der letzten fünfzig Jahre 1816-1866, (1867)

**Sheehan**, James – German History 1770-1866, (1993)

**Shenef**, Yehuda: *Augsburg vor 140 Jahren: Sitz des Deutschen Bundestags*. Weblog-Artikel vom 25. Juni 2006:

http://augsburg-blog.de/25.06.2006/augsburg-vor-140-jahren-sitz-des-deutschen-bundestags/

https://yehuda.wordpress.com/2006/06/28/augsburg-vor-140-jahren-sitz-des-deutschen-bundestags/

**Shenef**, Yehuda – *Das Haus der drei Sterne, die Geschichte des jüdischen Friedhofs von Pfersee, Kriegshaber und Steppach bei Augsburg, in Österreich, Bayern und Deutschland*, (2013)

**Shenef**, Yehuda – *Mord am Lech, ein jüdisch-bayerischer Kriminalfall aus dem Jahr 1862*, (2014)

**Wiercinski**, Thomas – *Hotel Drei Mohren Augsburg*, (2015)

**Winterfeld**, Karl – Vollständige Geschichte des Preußischen Krieges von 1866, (1867)

**Wirth**, J.C. – *Augsburg wie es ist, Beschreibung aller Merkwürdigkeiten dieser altberühmten Stadt mit Bezug auf Kunst, Handel, Fabriken, Gewerbe, etc. Ein Hand- und Adressbuch für Alle*, Augsburg, (1846)

**Wolfram**, Herwig (Hg.) – *Geschichte der Juden in Österreich*, (2006)

Yehuda Shenef

Der Bundestag zu Augsburg – das Ende des Deutschen Bundes im Sommer 1866



Cover: Yehuda Shenef

1. Auflage Juli 2016

Herstellung und Verlag:

BoD - Books on Demand, Norderstedt

ISBN: 978-3741-2752-41